Eduardo Goldenstein

Quando os médicos (des)cansam

Trabalho e lazer na vida de um grupo de médicos

CB049241

Eduardo
Goldenstein

Quando os médicos (des)cansam

Trabalho e lazer na
vida de um grupo
de médicos

Editor	*Ingo Bernd Güntert*
Gerente Editorial	*Fabio Melo*
Coordenadora Editorial	*Marcela Roncalli*
Produção Editorial	*Casa de Ideias*

Dados Internacionais de Catalogação na Publicação (CIP)
Angélica Ilacqua CRB-8/7057

Quando os médicos (des)cansam / Eduardo Goldenstein. –
São Paulo : Casa do Psicólogo, 2013.

ISBN 978-85-8040-207-0

1. Profissão 2. Lazer 3. Cuidados 4. Trabalho – resultados
I. Título

13-0301   CDD 926.1

Índices para catálogo sistemático:
1. Médicos – biografia – profissão

Impresso no Brasil
Printed in Brazil

*As opiniões expressas neste livro, bem como seu conteúdo, são de responsabilidade de seus autores,
não necessariamente correspondendo ao ponto de vista da editora.*

Reservados todos os direitos de publicação em língua portuguesa à

Casapsi Livraria e Editora Ltda.
Rua Simão Álvares, 1020
Pinheiros • CEP 05417-020
São Paulo/SP – Brasil
Tel. Fax: (11) 3034-3600
www.casadopsicologo.com.br

Este livro é dedicado a todos os médicos que, muitas vezes, de maneira "invisível", se dedicam de corpo e alma à causa do doente, dando o melhor de si, mesmo quando em condições adversas e estressantes.

Esses médicos existem. Eu tive contato com alguns deles quando os entrevistei tanto para minha dissertação de mestrado quanto para minha tese de doutorado.

Agradecimentos

Gostaria de agradecer a todos aqueles que de uma maneira ou outra me ajudaram a "pensar" e "trabalhar" a tese de doutorado da qual resulta este livro:

Antes de todos, à minha mulher Eliana de Souza Ribeiro; a

Professora Marlise Aparecida Bassani,
Professor Gabriel Moser (in memoriam),
Professora Ana Cecília Silveira Lins Sucupira
Professora Edna Kahale,
Professor Esdras Vasconcelos,
Professor Marcos Oreste Colpo
Professora Marília Ancona Lopez
Professora Isildinha Nogueira,
Professor Sebastião André de Felice
Minha delicada amiga Célia Loch,
Minha querida "filha" Ana Aidar.

Meus sinceros agradecimentos ao CNPq pela bolsa concedida.

Minha gratidão à PUC de São Paulo, onde aprendi ser médico e onde fiz toda minha "formação" em Psicologia.

Meus especiais agradecimentos ao Marcos e à Monica, da Secretaria da Pós-Graduação em Psicologia Clínica da PUC-SP.

Meus sinceros agradecimentos a toda a equipe editorial da Casa do Psicólogo, que mais uma vez se propôs a publicar um livro de minha autoria.

Sumário

Por causa da profissão, o Papalagui (o branco, o estrangeiro) vive confuso... Se me ouvisse falar, diria que sou louco: que quero julgar sem poder porque nunca tive profissão e nunca trabalhei como os europeus... Mas o Papalagui nunca conseguiu nos fazer compreender por que havemos de trabalhar mais do que Deus exige para comer à vontade, cobrir a cabeça com um teto, nos divertir com as festas da aldeia... O Papalagui suspira quando fala no seu trabalho, como se uma carga o sufocasse; mas é cantando que os jovens samoanos vão para os campos de taro; cantando, as moças lavam as tangas nas correntezas do riacho... O Grande Espírito não quer, certamente, que fiquemos cinzentos por causa das profissões, nem que nos arrastemos feito as tartarugas e os pequenos animais rasteiros da lagoa... Ele deseja que continuemos orgulhosos e tesos em tudo que fazemos; que não percamos a alegria de nossos olhos nem a agilidade dos nossos membros. (2005, p. 73)

(COMENTÁRIOS DE TUIÁVII, CHEFE DA TRIBO THIAVÉA, NOS MARES DO SUL A RESPEITO DO HOMEM BRANCO E DE SEU MODO DE VIVER, RECOLHIDOS POR ERICH SCHEURMANN.)

Apresentação

Este livro nada mais é do que uma releitura de minha tese de doutorado apresentada em maio de 2011 ao Programa de Estudos Pós-Graduados em Psicologia Clínica da Pontifícia Universidade Católica de São Paulo (PUC-SP). Essa tese envolveu uma pesquisa realizada com médicos de um hospital pediátrico da cidade de São Paulo com o intuito de ouvi-los a respeito da disponibilidade de tempo que cada um deles tem para o trabalho, o descanso e o lazer.

Ouvir os médicos. Muito se fala dos médicos, pouco se ouve o que eles têm a dizer. Propus-me a ouvi-los. Por conta da experiência adquirida ainda no mestrado, resolvi dar voz aos médicos de um grande hospital infantil público da cidade de São Paulo. Inicialmente, procedi a uma pesquisa quantitativa e, desta forma, os ouvi por meio de números. Em seguida, procedi a uma pesquisa qualitativa, ouvindo alguns médicos que voluntariamente se disponibilizaram a realizar entrevistas de aproximadamente uma hora. Desta forma, tanto numa quanto noutra pesquisa, dei voz aos médicos.

Com a simples análise inicial do número de horas que cada um dos médicos que respondeu ao questionário calculou como horas destinadas ao trabalho, ao descanso e ao lazer, ficou claro o quanto esse assunto é difícil e controverso para eles.

Com a pesquisa qualitativa, consegui, apesar de não ser esta a intenção inicial, obter histórias de vida que desvelaram de alguma maneira o ser-no-mundo desses médicos. As ideias de Heidegger, sua visão sociológica do mundo, sua aguda percepção do viver neste mundo permeiam a tese e o livro. Mesmo não tendo uma sólida formação filosófica e mesmo tendo alguma dificuldade na exata compreensão dos escritos deste filósofo, me utilizei de suas ideias da forma como as assimilei. Afinal, aqui me baseio em Luc Ferry, a filosofia perde muito do seu encanto se não sair de seu pedestal para participar diretamente do cotidiano das pessoas.

Retirei do livro todas as partes que considerei excessivamente acadêmicas e acrescentei observações e comentários dos professores que participaram da banca de defesa, bem como acrescentei reflexões pessoais pós-banca.

Desejo a você, leitor, uma boa e agradável leitura.

Introdução

A escolha do lazer dos médicos como tema para uma pesquisa acadêmica pode parecer, à primeira vista, algo bastante inusitado. Afinal, nos preocupamos muito mais com o trabalho médico em si, com as dificuldades inerentes a ele, com o estresse e o *burnout*[1] dos médicos e suas repercussões no dia a dia dos pacientes, com os conflitos nas relações médico-paciente, do que com a vida privada dos médicos. Estes só "existem" quando trabalham; não os enxergamos quando descansam.

Não há medicina sem os médicos. Mesmo a alta tecnologia médica hoje existente não dá conta de resolver as questões médicas dos enfermos sem a intervenção do médico em si.

Frente ao deslumbre que a medicina científico-tecnológica nos traz hoje, a figura do médico parece ter sofrido um verdadeiro eclipse. E, no entanto, a sociedade como um todo não deixa de cobrar máxima eficiência do médico, sua

[1] Síndrome de *burnout* é um distúrbio psíquico, definido em 1974 pelo médico americano Herbet J. Freudenberger, cuja principal característica é, segundo o doutor Drauzio Varella, "o estado de tensão emocional e estresse crônicos provocado por condições de trabalho físicas, emocionais e psicológicas desgastantes".

presença constante, seu saber ilimitado. Dele são cobradas soluções de problemas não só médicos, mas também sociais e psicológicos, e não admitimos deslizes e erros. A falha é atribuída ao médico, mas raramente ao equipamento ou às, muitas vezes, precárias condições de trabalho. Da mesma forma, não há maiores preocupações com seu cansaço, sua privacidade, seus problemas, suas dificuldades. Não é raro, inclusive, que os pacientes nem saibam direito seu nome. Os médicos são responsabilizados, muitas vezes de maneira injusta, pela chamada "desumanização" da medicina. São frequentemente acusados de se aproveitarem do sistema, de serem negligentes para com seus pacientes, que não consideram que esses mesmos médicos são, muitas vezes, estrangulados pelo sistema de medicina vigente que se apoia nos altos custos decorrentes da tecnologia médica e dos interesses do capital.

Esquecemo-nos que em cada médico há uma vida humana. E, assim, percalços e dificuldades inerentes à vida humana são negligenciados com muita frequência quando se trata de médicos.

Para poder compreender melhor o ser humano dentro de seu mundo e na relação com as coisas e com os outros, utilizei as agudas observações do filósofo alemão Martin Heidegger a respeito da vida humana.

Por que Heidegger?

Essa pergunta me foi feita durante a arguição da tese de doutorado. Para os examinadores, dois deles médicos não familiarizados com as ideias deste filósofo, eu poderia ter desenvolvido e mesmo analisado os resultados da pesquisa realizada sem ao menos citar Heidegger.

Certamente poderia. Não o fiz. E não o fiz porque desde o momento que comecei a ler e a tentar entender Heidegger, e lá se vão muitos anos, de certa forma "incorporei" suas ideias e mesmo passei a pensar o mundo também dentro daquilo que entendi "ser" Heidegger. Obviamente, juntando ideias e percepções de outros autores que também me impressionaram, e ainda a minha própria vivência e observação aguda dos fatos e acontecimentos.

Rüdiger Safranski (2000), biógrafo de Heidegger, o chama de "mestre da Alemanha entre o bem e o mal". Nada mais adequado. Afinal, mestre e professor e/ou amigo de muitos dos grandes filósofos do século XX, tais como Jean-Paul Sartre, Emmanuel Levinas, Martin Buber, Hannah Arendt, Karl Jaspers e tantos outros judeus e não judeus, Heidegger não teve o menor constrangimento de se filiar ao Partido Nazista e mesmo dele afastado nunca tratou de justificar-se ou mesmo renegar a ideologia nele contido.

Tenho desprezo por um homem que se atirou aos braços da barbárie e ao mesmo tempo tenho admiração por um homem que teve uma visão tão ampla do ser e do mundo que o cerca.

As ideias e o pensamento de Heidegger acham-se explicitadas de uma maneira concisa e, por que não pessoal, num capítulo posterior. Sua leitura é fundamental para o entendimento de algumas das ideias que nortearam a pesquisa.

Com os conceitos de Heidegger "a tiracolo" torna-se possível desvelar e compreender a vida desse grupo de médicos e mesmo contribuir de uma maneira clara e objetiva para uma compreensão da crise humanística em que a medicina mergulhou nos dias de hoje.

Uma pesquisa bibliográfica precedeu a elaboração e a pesquisa de campo realizada. Nessa pesquisa, tentei encontrar referências bibliográficas sobre, especificamente, tempo livre e lazer dos médicos nos últimos dez anos. Nenhum artigo a respeito foi encontrado.

Entretanto, como diz Cuenca Cabeza (2005), é difícil poder entender a sociedade atual ignorando-se o ócio (em espanhol, as palavras ócio e lazer se sobrepõem), um dos pilares mais respeitados e desejados deste nosso século XXI. Mais do que um produto de consumo, diz ele, o ócio é uma necessidade para que haja uma qualidade de vida no mínimo aceitável. Assim, o ócio deve ser entendido como uma experiência integral da pessoa e, mais do que isso, um direito humano fundamental.

Certamente desempenha melhor suas funções profissionais, interage melhor com seus pacientes, tornando assim a relação médico-paciente mais adequada e pertinente, acabando com o hiato decorrente da alegada falta de humanização da medicina cientifico-tecnológica ora vigente. Entretanto, constatei uma ausência de artigos referentes ao tema na pesquisa bibliográfica realizada, fato este que, sem dúvida alguma, justifica a importância da pesquisa aqui detalhada. A proposta principal da pesquisa foi a de "ouvir" médicos de um hospital público pediátrico de alta complexidade da cidade de São Paulo sobre a forma como pensam e vivem o lazer. A partir daí decorreram os outros objetivos da pesquisa:

1. Analisar dentro de um contexto heideggeriano os dados obtidos por meio das entrevistas realizadas com os médicos acima citados.

2. Contribuir para uma melhor compreensão dos problemas enfrentados por uma extensa maioria de médicos para dar conta de suas atividades profissionais e existenciais dentro do sistema médico ora vigente.

3. Oferecer indicações para uma "re-humanização" da medicina e dos procedimentos médicos.

Finalizada esta introdução seguem-se capítulos específicos necessários à compreensão adequada da pesquisa. Inicialmente, um capítulo sobre a profissão médica e o ser médico na atualidade. A seguir, um outro sobre a visão atual do lazer e, por fim, um terceiro capítulo, em que são expostas (espero eu que de uma maneira o mais descomplicada possível) algumas outras concepções importantes de Heidegger. Uma vez terminada essa parte teórica passo a apresentar o método utilizado na pesquisa e, em seguida, resultados, e análise dos dados quantitativos, bem como dos temas mais relevantes de cada entrevista (dados qualitativos). Por fim, teço considerações teórico-práticas em cima da análise de dados realizada e fecho com as conclusões a que penso que se pode chegar nessa pesquisa.

Capítulo 1

Profissão: médico

CONSIDERAÇÕES SOBRE O EXERCER DA
MEDICINA EM TEMPOS DE UMA MEDICINA
CIENTÍFICO-TECNOLÓGICA

❖

"A profissão médica é singular". A frase de Machado
(1997, p. 15) é perfeita para que possamos iniciar um capítulo sobre a profissão médica. Ela é singular porque, diz
a autora, mais do que qualquer outra profissão do mundo
ocidental, ela tem o poder de definir realidades. Vejamos:
aos médicos é dado o poder de definir, por exemplo, o que
é saúde e doença, o que pode ser considerado sanidade ou
insanidade mental e, inclusive, a eles é dada a prerrogativa de elaborar e executar critérios de saúde e doença que
se transformarão em paradigmas médico-sociais. Ou seja,
pode-se dizer, sem medo de errar, que o monopólio da cura
pertence à medicina. Mas ela é ainda singular porque estabelece uma relação *sui generis* com o consumidor (paciente)

de seus serviços, uma relação que requer confiança, sigilo e credibilidade.

Mas, continua a autora, esta poderosa corporação ultimamente não só tem sofrido uma série de abalos, tais como perda de autonomia, perda do poder monopolista, perda do ideal de serviço, entre outras perdas, como também tem assistido a uma deterioração de suas condições de trabalho por conta de assalariamento crescente, reordenamento do processo de trabalho, incorporação de outros profissionais na equipe de saúde, o que leva a um fenômeno novo de sindicalização dos profissionais desse setor. O poder e o saber médico são, agora, partilhados com psicólogos, enfermeiros, nutricionistas, fisioterapeutas e até mesmo com engenheiros biomédicos e outros técnicos que lidam com alta tecnologia médica via equipamentos de última geração. Há uma visível intervenção das políticas públicas de saúde e mesmo das megacorporações de saúde na dinâmica do mercado médico, gerando assalariamento progressivo da categoria e consequente perda da autonomia profissional. Dependente de técnicas e recursos cada vez mais sofisticados, a própria conduta médica acabou sofrendo profundos abalos, como a diminuição progressiva do tempo destinado a procedimentos médicos consagrados e utilizados, como anamnese e exame físico apurado, trazendo como consequência críticas, acusações e muitas queixas contra a prática médica atual e seus executores médicos.

Em consequência de todos esses abalos, "ser médico (hoje em dia) não é nada fácil" (Gonsalves-Estella et al., 2002). O trabalho árduo por conta da necessidade de garantir sustento adequado, a convivência com o germe capitalista da produtividade, a incerteza de aposentadoria condigna, o tempo escasso para atendimento da demanda sempre crescente de pacientes, a baixa remuneração, as dificuldades de lidar com questões éticas, a alta responsabilidade profissional, as dificuldades de relacionamento com pacientes, a exagerada cobrança da população, a perda da autonomia, a exposição inevitável e importante a riscos biológicos, tais como exposição a fluidos orgânicos (sangue e secreções), a riscos físicos (exposição a radiações), a riscos químicos (contato com gases anestésicos) e a problemas ergonômicos importantes decorrentes de condições de trabalho inadequadas (iluminação deficiente, conforto térmico e acústico inadequado), a alimentação de baixa qualidade e ainda a segurança falha acabam por tornar os médicos profissionais extremamente sujeitos a desconforto psicológico importante, tais como depressão, estresse, *burnout,* uso abusivo de álcool e até mesmo de drogas. Afinal, o próprio imaginário popular compara a vida do médico à vida de um sacerdote, ou seja, do médico é esperado altruísmo e dedicação integral dia e noite ao próximo necessitado. Neste sentido, vale a pena, inclusive, lembrar que o próprio exercício da profissão médica sempre esteve ligado, de uma forma ou outra, às grandes religiões monoteístas, como o judaísmo, o cristianismo e o islamismo. Inclusive, como assinalam Nascimento Sobrinho et al. (2006) em outros tempos, quando a própria medicina era considerada profissão de alto valor social e assumida como atividade pública de alta relevância, exigia-se do profissional ter um "dom" especial para exercer a medicina, como se fosse realmente um "sacerdócio".

Nestes últimos cinquenta anos, ponderam Nascimento Sobrinho et al. (2006) que, por conta do avanço científico--tecnológico da medicina, e mesmo da institucionalização da assistência à saúde, o exercício da profissão médica sofreu uma série de mudanças importantes no seu modo de ser. Uma delas foi a migração dos consultórios individuais para as instituições hospitalares modernas. Com isso, criou--se certa tensão entre a autonomia do trabalho artesanal e a heteronímia da ordem social e institucional, dando origem a uma crise traduzida de forma não muito convincente como desumanização da medicina ou, como prefiro chamar, da prática médica atual, crise esta que tem servido de argumento para a instituição de campanhas destinadas a "humanizar" a medicina. Tais campanhas, refere Nogueira Martins (2005), são muitas vezes ativadas por uma mídia interessada em divulgar as mazelas da assistência médica e acabam por criar, sem muita reflexão, uma imagem bastante negativa dos médicos. Trata-se da mesma mídia que fomenta nos pacientes expectativas irreais e fantasiosas, impossíveis de serem realizadas, divulgando avanços tecnológicos muitas vezes mais imagináveis do que propriamente realizáveis, piorando a relação médico-paciente.

Mais ainda, mudanças na área de saúde, especialmente nos serviços privados, lucrativos ou não, e públicos (estatais) forçaram essas instituições a se adaptarem às novas tecnologias e aos novos modelos de organização do trabalho e com isso o hospital passou a ser concretamente um espaço privilegiado para a implementação dos novos modelos de organização do trabalho, obrigando os médicos a se submeterem às mesmas regras impostas aos demais trabalhadores de qualquer empresa capitalista (convivência com instabilidade e precarização de emprego, ritmo intenso de trabalho, horas de trabalho prolongadas, redução de remuneração, perda de controle de suas atividades).

Nogueira Martins (2005) tem toda razão ao apontar que não só o surgimento do hospital científico-tecnológico, mas também o desenvolvimento de novos recursos diagnósticos e terapêuticos, a influência da indústria farmacêutica e de equipamentos e a crescente presença das empresas compradoras de serviço médico têm contribuído sobremaneira para descaracterizar a profissão médica na sua concepção mais primitiva e original.

Por conta da revolução científica dos séculos XIX e XX, houve um grande avanço no campo da medicina, fazendo com que a prática médica passasse a adquirir feições científicas e uma racionalidade objetiva. Desta forma, surgiu um novo paradigma da medicina, onde pensamento e ato médico fundiram-se numa complexa combinação de empirismo, experiência cotidiana e raciocínio clínico. Consulta médica, anamnese e análise clínica passaram, então, a ser conduta padrão de um bom médico, trazendo-lhe poder, prestígio e crédito junto ao paciente. Surgiram as especialidades e subespecialidades com fragmentação dos saberes e da prática médica, e os médicos, a partir daí, passaram a se isolar em sociedades distintas, perdendo a força do todo. Por conta de mudanças significativas ocorridas tanto nos saberes como nas práticas médicas, a autonomia técnica, o poder de decisão, a relação médico-paciente, a tradicional hegemonia médica nas equipes de saúde, o domínio e conhecimento globalizante do corpo humano, o prestígio e o *status quo* dos médicos acabaram por se fragilizar. O trabalho médico passou a ser institucionalizado, dando origem a fenômenos como burocratização, segmentação, implementação de rotinas, padronização dos atos médicos que passaram então a ser universalmente recorrentes na prática da medicina. Honorários médicos, consultas e cirurgias também passaram a não ser mais negociados diretamente pelos médicos com seus pacientes, mas intermediadas por empresas e, com isso, os serviços médicos passaram a ter preço de atacado.

Desta forma, fica fácil compreender que o trabalho médico tende a ser altamente estressante e especialmente muito cansativo, até porque os médicos costumam se sobrecarregar com excessivas horas de trabalho e deixar de lado horas reservadas às refeições, ao repouso e ao lazer. E o fazem até para poderem fazer frente a uma solicitação externa de competitividade exacerbada. Como consequência dessa sobrecarga de trabalho, que muitas vezes impede um crescimento profissional adequado, o médico acaba por perder a autoestima e passa a ter dificuldades no atendimento dos casos clínicos, devido à perda do sentimento de satisfação pelo trabalho. Isso decorre do fato de que o próprio excesso de trabalho acaba levando a uma despersonalização do profissional, a um sentimento de desvalorização, a uma não realização profissional pessoal e até a uma perda do orgulho da profissão, fazendo com que o médico acabe se sentindo cada vez menos útil e menos reconhecido.

Uma série de riscos sociais, segundo Escribá Aguir (2002), pode ser associada à sobrecarga de trabalho e cansaço, tais como depressão, ansiedade, desconexão emocional, isolamento social e absenteísmo no trabalho, piora da qualidade do trabalho desenvolvido e prejuízo nas atividades familiares e sociais. Mais ainda, completa Frasquilho (2005), o próprio cansaço e a própria sobrecarga de responsabilidades e trabalho com multiplicidade de empregos, associada a condições precárias de trabalho e pressão do tempo, contribuiria para uma alta taxa de suicídios, divórcios, dependência de drogas e álcool entre os médicos. Até porque, complementa a autora, o médico é um dos poucos profissionais que aceita trabalhar por turnos e em jornadas de 24 horas ou mais de trabalho, prescindindo, assim, de tempos vitais dedicados ao descanso, ao lazer e à família. Talvez seja porque, de acordo com Russsell (2001), o lazer não é ensinado nas escolas médicas.

Para poderem responder adequadamente ao estresse inerente à profissão, diz Jiménez (2005), os médicos deveriam ser ensinados a praticar regularmente exercícios físicos, a ter uma nutrição adequada, a levar uma vida sexual ativa, a desfrutar de um bom contato com a natureza, a realizar viagens, a se dedicar a *hobbies* e esportes, saber aproveitar o tempo livre de modo satisfatório, participar de redes sociais e cultivar amizades. Certamente, pondera o autor, isso contribuiria de maneira significativa para uma qualidade de vida mais adequada para esses profissionais, possibilitando, dessa forma, que eles tivessem meios suficientes para poderem enfrentar o estresse da profissão e melhorar as relações muitas vezes conturbadas com os pacientes.

Groopman (2008) exemplifica bem essas situações de cansaço e suas consequências em livro de sua autoria no qual aborda a questão do erro médico. Nesse livro, ele procede a várias entrevistas com médicos de reconhecida competência aos quais solicita que falem sobre casos em que acabaram errando o diagnóstico e/ou o tratamento. Uma dessas entrevistas é realizada com uma pediatra norte-americana. Na entrevista, ela credita ao cansaço sentido por conta do atendimento diário de dezenas de pacientes e a seus pais, as constantes chamadas noturnas e ainda a necessidade de lidar com celulares, prontuários eletrônicos, anotações de especialistas, resultados de laboratório, telefonemas de pacientes, encaminhamentos, pedidos de radiografias, entre outras atividades, toda a irritação e amargura que sente e que acabam levando-a não só a se relacionar de maneira trôpega com os pais, mas também a cometer erros médicos.

Em maio de 2007, o Conselho Regional de Medicina do estado de São Paulo (Cremesp) realizou uma pesquisa sobre o trabalho médico no estado de São Paulo. Na ocasião, foram realizadas 400 entrevistas telefônicas com médicos registrados no conselho. A cada um deles foi solicitado que respondessem a um questionário estruturado para durar cerca de 20 minutos e dividido basicamente em quatro partes – o perfil do entrevistado, a avaliação que faz da profissão, o mercado de trabalho e a relação profissional com convênios médicos.

De acordo com os resultados dessa pesquisa, os médicos paulistas cumprem uma carga horária semanal média de 52 horas. Quase um terço deles trabalha mais de 60 horas semanais, sendo que são os mais jovens os que mais trabalham. Em média, cada um deles tem três diferentes empregos, mas 30% dos entrevistados disseram ter quatro ou mais empregos. São os médicos na faixa dos 40 e 49 anos os que ganham mais e os que têm maior número de vínculos empregatícios. A maior parte deles (51%) trabalha em hospitais públicos, 44% em hospitais particulares e 40% em consultório. Quando indagados sobre ganhos usufruídos com a profissão, 26% deles referiram ganhar entre R$ 3 mil e R$ 6 mil por mês, 19%, entre R$ 6 mil e R$ 9 mil por mês, e 12%, mais de R$ 12 mil por mês. Quanto aos gastos, os entrevistados declararam gastar em média R$ 2,5 mil mensais para manter a atividade profissional. Perguntados sobre o número de horas gastos nos deslocamentos entre casa e trabalho, 44% deles estimaram gastar, no mínimo, de uma a duas horas para ir de casa para o trabalho. Ainda de acordo com a análise dos dados da pesquisa, a jornada de trabalho dos médicos no estado de São Paulo é bem mais longa que a prevista pelas leis trabalhistas, o que acaba afetando tanto a sua qualidade de vida quanto a sua convivência com a família, e ainda reduz o tempo disponível para atualização e interfere na relação médico-paciente. Mas – e este é um dado significativo –, seis em cada dez médicos paulistas, ou seja, 61% deles se declararam "satisfeitos" com a profissão. Somente 10% deles se declararam "insatisfeitos". Um grupo de 29% se declarou "nem satisfeitos nem insatisfeitos". Dos que se declararam "satisfeitos", 66% atribuíram tal satisfação à vocação médica, ou seja, "amor ao trabalho" e "realização pessoal", e apenas 9% ao salário recebido. Dentre os 35% que fizeram referências negativas à profissão, mais da metade (21%) se queixou da baixa remuneração e outros 9% atribuíram a insatisfação a razões associadas ao desempenho da função, como a carga horária excessiva, o ter de trabalhar em vários lugares, o ter de atender muitos pacientes e a jornada excessiva de trabalho que acaba comprometendo a qualidade do atendimento. A pesquisa ainda apontou que 6% dos médicos criticaram as condições de trabalho (falta de material), 4% se referiram à falta de reconhecimento da profissão e à falta de respeito dos pacientes para com os médicos, 2% lembraram a falta de confiança e respeito para com o profissional, a formação teórica e prática com profissionais ruins que denigrem a imagem do médico, e os processos sofridos por tratamentos que não foram a contento.

Duas observações se fazem pertinentes neste momento: a primeira é o alto índice de satisfação pela profissão demonstrada pelos entrevistados, e a segunda, o fato de não figurar entre as referências negativas à profissão a falta de tempo livre para outras vivências que não as relacionadas direta ou indiretamente ao trabalho.

Uma pesquisa semelhante à anterior foi realizada em 2002 por Bovier e Pernegere. No intuito de avaliar a satisfação no trabalho, esses pesquisadores suíços enviaram pelo correio questionários previamente elaborados para 1.904 médicos de Genebra, Suíça, tendo obtido a devolução de 1.184 deles (59% do total enviado). De maneira geral, os médicos que preencheram os questionários declararam-se satisfeitos com os seguintes quesitos: atendimento ao paciente, relações profissionais e recompensas pessoais, tais como estimulação intelectual, oportunidades de educação médica continuada e prazer no trabalho. E declararam insatisfação no referente à sobrecarga de trabalho, tempo disponível para a família, amigos ou lazer, estresse no trabalho, encargos administrativos, renda e prestígio.

Vale aqui salientar que, diferente dos paulistas, os médicos de Genebra apontaram a falta de tempo livre e lazer como causas de insatisfação para com a profissão.

Complemento com a citação de mais uma pesquisa, esta realizada pela Canadian Medical Association, em 1998, envolvendo 3.520 médicos (Gouveia, Andrade e Carneiro, 2005), que concluiu que 62% dos médicos entrevistados achavam a carga de trabalho muito pesada, e desses, 55% consideraram que o exercício da medicina acabava por interferir e causar danos tanto em suas vidas particulares como na de suas famílias. Além disso, 65% desses médicos declararam que, apesar de insatisfeitos com a profissão, consideravam escassas as oportunidades de mudança profissional.

Por fim, cito três editais de revistas médicas de prestígio, versando sobre questões como as dificuldades do viver médico e a infelicidade profissional e pessoal entre médicos ingleses e norte-americanos: *New England Journal of Medicine* (Kassirer, 1998), *British Medical Journal* (Smith, 2001) e *New England Journal of Medicine* (Zuger, 2004). Foram apontadas como causas principais de tais dificuldades e infelicidade as seguintes situações: frustração de não poder praticar uma medicina tão boa quanto desejavam, falta de tempo para desfrutar adequadamente de suas vidas pessoais, descontentamento com o ganho financeiro proveniente dos esforços despendidos, falta de autonomia nas decisões clínicas, perda de tempo com problemas administrativos de menor importância, obrigação em participar de discussões clínicas muito longas, redução de autonomia na execução de certos procedimentos, exagero de chamadas telefônicas por parte dos pacientes, obrigação em prestar conta de um sistema de atenção médica colapsada e o fato de terem de trabalhar longas horas atendendo um número enorme de pacientes para conseguirem ganhar suficientemente bem e, de terem pouco tempo disponível para estar com suas famílias, para praticar esportes, para reflexões de ordem pessoal e para poderem continuar se atualizando com leitura de artigos médicos. Na verdade, ser médico nunca foi muito fácil. Há 2400 anos, Hipócrates (Brunini, 1998) apresentava como condições mínimas para o exercício da medicina a necessidade de ter uma aptidão nata, cultura, disposição para estudar, receber instrução precoce, ter perseverança, amor ao trabalho e ainda tempo disponível para o exercício da prática médica. Em seus consagrados aforismos, citados por Millan (2005), Hipócrates exigia do médico boa capacidade de observação, isenção de preconceitos, honestidade, altruísmo, idealismo, humildade; advertia-o para jamais seduzir pacientes e, acima de tudo, evitar causar algum dano ao paciente. Algo parecido com o que Souen Ssen-mo, na China do século VII (Carvalho Lopes, 1970), citava como atributos indispensáveis aos que queriam exercer a medicina como profissão: bondade, compaixão, alegria da renúncia, piedade, simpatia necessária para criar o ambiente próprio. Muitos séculos depois, autores atuais como Del Giglio (2008) consideram que, para se exercer condignamente a profissão, há necessidade de o médico sentir compaixão pelo seu paciente, ser capaz de sentir em si a mesma combinação de mal-estar físico, ocasionado pelo órgão enfermo, e mal-estar existencial, decorrente da limitação do potencial do ser humano trazido pela enfermidade, o que ele sente e o que o desvia de sua trajetória de vida original. A própria questão da vocação médica tem sido bastante discutida. Del Giglio a explica de modo jocoso, mas certamente bastante real: a vocação médica é algo que o médico sente quando um dia é acordado de madrugada para atender um chamado e o faz da melhor maneira possível. Passado o deslumbramento inicial que todo médico tem ao se deparar com suas próprias habilidades para diminuir dor e sofrimento, atender um chamado de madrugada revelará a vocação. Vocação vem do latim *vocare*, que significa chamar. Daí o autor considerar que a vocação nada mais é do que a missão para a qual o médico foi chamado e que até justifica sua existência. A palavra missão faz-me lembrar da frase referida anteriormente de que a medicina é um sacerdócio, ambos passíveis de críticas. Marañon (1958) considera que a vocação para a medicina deve ser pensada a partir das dificuldades que o médico terá no futuro ao exercer sua profissão, ou seja, ter de lidar permanentemente com a dor, ter seu tempo comprometido pelo acidente inesperado, ter de renunciar voluntariamente à livre e prévia destinação de seus dias e de seus lazeres, ter de se aprimorar sempre, ter de lidar com a dúvida de se, apesar de toda sua ciência e boa-fé, acertará ou não na condução do caso. Entretanto, Marañon alerta que a escolha da profissão se dá muito cedo na vida do médico, muito antes de ele ter atingido maturidade necessária e suficiente para tal escolha.

A questão da personalidade do médico tem sido discutida por muitos autores. Selecionei alguns deles.

Zimmermann (1992) não considera que o tipo de personalidade do médico possa adequá-lo suficientemente bem para o exercício da profissão e fala de atributos mínimos e indispensáveis para um adequado exercício dela: capacidade de intuição, empatia, ser continente, ser comunicativo, poder se deprimir. Empatia, que pertence não à área cognitiva, mas sim à área afetiva, vai permitir ao médico colocar-se no lugar do outro. A capacidade de contingência tornará possível ao médico entrar em contato e suportar angústias, vivências de morte e crises existenciais dos pacientes, e o ajudará a tranquilizar os que padecem. Essa mesma contingência ainda fará com que o médico tolere suas angústias, dúvidas e mesmo o "não saber". A capacidade de se deprimir, diz o psicanalista, tornaria possível a discriminação, individualização, autonomia, reflexão e criatividade. A capacidade de comunicação faria com que o médico pudesse escutar o paciente, de forma a evitar preconceitos e julgamentos morais do paciente, poder lidar com verdades penosas e, certamente, utilizar-se de linguagem de fácil compreensão no diálogo com o enfermo e sua família. Lacaz (1986) considera que servir ao doente e nunca se servir dele seja a essência da profissão médica. Desta forma, diz o autor, o médico deve possuir a capacidade de dar, deve compreender a linguagem da dor, da angústia, do medo, da desesperança e do sofrimento para falar à alma de seus pacientes. Nogueira Martins (2005) considera que são as mesmas características psicodinâmicas que conduzem as pessoas para a carreira médica (compulsividade, rigidez, controle sobre as emoções, retardo de gratificações e formação de fantasias irrealistas sobre o futuro), assim como as predispõem para desordens emocionais, tais como alcoolismo, abuso de drogas, doenças mentais etc. Este autor ainda considera que alguns dos estudantes que se dirigem à carreira médica assim o fazem como tentativa de reparação de experiências emocionais vinculadas a situações de impotência e/ou de abandono emocional. Desta forma, explica ele, a escolha da medicina em alguns casos seria uma resposta adaptativa a uma vivência de fragilidade e baixa autoestima, levando os médicos a uma relação simbiótica com os pacientes, a uma aparente frieza ou afastamento emocional dos pacientes e a uma negação das vulnerabilidades pessoais. Teria ainda relação com a vivência da angústia e impotência frente à morte, incluindo aí o medo da própria destrutibilidade, fragilidade e desamparo. Muitas das dificuldades dos médicos estariam, assim, muito mais fortemente associadas à adaptação na vida anterior à escola médica do que as próprias vicissitudes decorrentes do exercício da profissão. Dependência, pessimismo, passividade, insegurança e sentimentos de inferioridade estariam, então, incluídos entre as características de personalidade dos médicos e trariam, como consequência, uma qualidade de vida pobre, uma insatisfação conjugal combatida, mas não justificada, com excesso de trabalho e uso abusivo de drogas.

Certamente a visão político-sociológica de Neves (2005) e também de Martins (2003), compatíveis com a minha própria forma de encarar a questão do médico inserido numa medicina atual científico-tecnológica e voltada para a lógica do lucro, serve para fechar e sintetizar este capítulo. Esses autores acreditam que a realidade médica atual tirou, pelo menos parcialmente, o papel idealista do médico, colocando-o numa situação econômico-social mais dura e realística de verdadeira luta pela sobrevivência. Com o início da Era da Globalização, a medicina passou para o controle de grandes conglomerados financeiros e dela passou-se a exigir lucros. Sendo assim, os médicos passaram a ser, em sua maioria, geridos pelos desejos e interesses destes grupos, os quais passaram a impor preços de serviços e procedimentos, transformando os médicos em seus servidores diretos ou mesmo indiretos.

A autonomia médica referente a questões de honorários, livre escolha, decisões tomadas a dois, médico e paciente, se esvaiu. A medicina se tornou mais competente, mas também mais condescendente com a lógica capitalista. A medicina se "desumanizou" no esteio da própria sociedade. A própria despersonalização da medicina, por conta da passagem do binômio saúde-doença como objeto de investimento financeiro especulativo, levou pacientes e médicos a ocuparem um lugar secundário em todo o sistema.

Sobrecarregados de trabalho até por conta da baixa remuneração e consequente busca de novas fontes de renda, trabalhando sob pressão tanto por conta da própria responsabilidade imposta pela profissão quanto pela necessidade de manter a si mesmo e sua família dentro de parâmetros suficientes para poder ter uma razoável qualidade de vida, os médicos acabam se tornando verdadeiros escravos e mesmo vítimas do sistema médico vigente. Parafraseando Neves (2005),

[...] o médico passou a ser não apenas o agente de uma medicina desumanizada como também alguém que sofre as consequências deste processo, alguém que, junto ao paciente, passa a ficar perplexo diante de uma pressão múltipla do sistema social vigente sobre sua vida.

Capítulo 2

O lazer na atualidade

De acordo com o dicionário online Aurélio, lazer significa ócio, descanso, folga, vagar. Também significa tempo que se pode livremente dispor, uma vez cumpridos os afazeres habituais. Significa ainda atividade praticada nesse tempo, divertimento, entretimento, distração, recreio.

Aquino e Martins (2007) consideram ser muito importante hoje que se pense (repense, talvez) conceitos como ócio, tempo livre e lazer dentro do contexto atual já que o trabalho, que até agora ocupou o lugar da atividade central na inserção social e se constitui como fator fundamental da produção subjetiva ao longo da sociedade moderna, está sendo questionado como atividade dominante ao mesmo tempo em que se pergunta se não seria o ócio que o substituiria. De fato, vivemos tempos de pressa, tempos de equipamentos tecnológicos desenvolvidos e construídos com o intuito de se ter cada vez mais tempo, tempos de busca incessante por mais tempo e paradoxalmente tempos em que os homens terminam por preencher esse tempo disponível com mais afazeres e atividades. E é exatamente esse homem contemporâneo que vive pressionado tanto pelas necessidades econômicas quanto pelas necessidades existenciais que se acha dividido entre as obrigações impostas por suas atividades laborais e o desejo de se libertar dessas tarefas, que sente a necessidade de usufruir de um tempo para si de alguma forma. Mas a moderna sociedade de consumo em que vivemos nada faz para ensinar, formar ou mesmo orientar o "não fazer nada".

Munné (1980) sintetiza (e recupera) a multiplicidade de práticas e valorações relativas ao ócio no curso do desenvolvimento histórico. Inicialmente, ele fala do *skholé* grego, o ideal clássico de um modo de vida livre orientado pela contemplação e reflexão dos supremos valores da época – verdade, beleza, bondade, sabedoria, entre outros –, não concebido como um tempo livre de trabalho, mas todo um tempo social de não trabalho, privilégio de poucos e raros cidadãos.

Depois veio o *otium* romano, tempo de descanso do corpo e recreação do espírito. O *otium* aparece quando o trabalho na Roma Antiga perde a sua conotação negativa e o ócio assume, então, significado de tempo livre de trabalho. Por conta desse novo contexto socioeconômico, o ócio passa a ter função política como meio de despolitização e controle da população pelo Estado, política esta conhecida como política do *panis et circens* (pão e circo).

Segue-se o ócio como ideal de nobreza da Idade Média que se soma ao chamado ócio popular, um tempo de descanso e comemorações intermediadas por festas organizadas sob rígido controle dos poderes da Igreja e dos senhores feudais. Surge assim o ócio caracterizado por um espírito lúdico eminentemente classista, vinculado ao desinteresse e repulsa pelo trabalho, diretamente atrelado a um tempo de não fazer nada de produtivo.

Na Idade Moderna, passa a ser considerado vício e é condenado pelo puritanismo religioso recém-chegado com a Reforma. Os princípios éticos religiosos desta época exaltam o trabalho por considerá-lo sinônimo do esforço necessário para o acúmulo de riquezas. O ócio passa a ser encarado como sinônimo de degradação e entendido como tempo perdido.

Finalmente, vem o lazer ou ócio burguês após a Revolução Industrial, quando a então classe trabalhadora conquista o direito ao tempo livre. Nas palavras de Gutierrez (2001), o lazer só passa a existir como instância distinta e específica da vida social após a Revolução Industrial e a separação dos espaços familiares, comunitários e profissionais, e deve ser compreendido como uma "atividade não obrigatória de busca pessoal do prazer no tempo livre" (p. 7).

Vejamos, a seguir, alguns dos conceitos de lazer que se mostraram muito úteis na análise das entrevistas realizadas.

Retorno a Gutierrez. O lazer, afirma o autor, não pressupõe necessariamente a consumação do prazer, já que seu compromisso é com a luta por uma sensação de prazer que pode, ou não, se realizar. É como o torcedor de algum esporte que acompanha uma derrota numa competição: essa derrota não pode ser entendida como uma experiência prazerosa, apesar de se constituir, sem a menor dúvida, numa atividade de lazer. Daí, conclui Gutierrez, o lazer ser vinculado a uma expectativa de prazer. Seriam, então, quatro as características fundamentais de uma atividade de lazer: **livre escolha do indivíduo** (o sujeito individual a define a partir do confronto com seu próprio passado, no qual estão marcadas todas as referências culturais, sociais, antropológicas e políticas do meio em que está inserido); é uma **atividade desinteressada, não lucrativa, sem visar qualquer aplicação imediata; atividade hedonista** de busca do prazer ou de alguma forma pessoal de satisfação dos sentidos; **uma opção íntima individual e regida pela liberdade.** Em suma, conclui Gutierrez, "o lazer constitui uma dimensão profundamente significativa da existência humana e ilustrativa do social" (p. 9).

Um outro autor, Gaelser (1986), faz uma distinção clara entre lazer e tempo livre, ambos frequentemente confundidos, afirmando que se é verdade que todo mundo pode ter tempo livre, não é verdade que todos possam ter lazer, já que lazer não é só uma ideia, como também uma atitude. Para ele, o conceito de lazer implica tanto na ideia de atitude quanto na de disponibilidade de si mesmo e de desenvolvimento integral.

Corbin (2001), historiador contemporâneo, acredita que o conceito de lazer decorre da necessidade de elaborar novas lógicas do emprego do tempo, bem como novos modos de cálculo de seu desperdício. Segundo este autor, lazer tem a ver com a preocupação de se poupar tempo por conta da acentuada pressão temporal que se abate sobre o nosso cotidiano, associada a uma permanente sensação de falta de tempo. O lazer, continua ele, acha-se hoje acoplado ao desejo de um tempo livre, aberto à espontaneidade e colocado no momento no centro do feixe dos objetos, das expectativas e das frustrações.

Cuenca Cabeza (2005) considera o ócio (lazer) não só uma experiência integral da pessoa, como também um **direito humano fundamental.** Segundo o autor, trata-se tanto de uma experiência quanto de um processo onde é possível criar oportunidade de se expressar individualidade, de se desenvolver identidades e ambientes que permitam mostrar diferenças, tornando-as visíveis e tratáveis. No ócio (lazer), diz ele, "vida séria" e experiência lúdica se confundem, constituindo um espaço indiscutivelmente propício ao desenvolvimento de ações positivas. Dessa forma, ócio (lazer) e tempo livre são a expressão e o exercício de **liberdade** e, portanto, **direito de todo ser humano.** Mais do que isso, o ócio (lazer) se constitui numa **experiência gratuita, necessária e enriquecedora da natureza humana.** Em termos objetivos, ócio (lazer) se confunde com o tempo destinado a algo, com os recursos investidos ou simplesmente com as atividades. Em termos subjetivos, ócio é sinônimo de ocupação desejada, apreciada e resultado da escolha livre; ele marca o ser de cada pessoa e expressa, inclusive a sua individualidade.

Para Cuenca, o mundo em que o ser humano vive é um mundo de evasão, distração e espetáculo, cercado e cada vez mais dependente das máquinas, onde ele é menos ator e mais espectador de uma realidade irreal. Nesse mundo, afirma o autor, o homem torna-se cada vez mais limitado, o que o obriga a um questionamento pessoal e intransferível a respeito de como ser um pouco mais livre para fazer o que bem quiser. Desta forma, a vivência do ócio (lazer) passa a ser uma experiência de ajuda na realização do homem, uma experiência de autoconhecimento, de identificação, de tentativa de se sair melhor, de sair da rotina, de fantasiar e, assim, recuperar o equilíbrio das frustrações e desenganos.

Elias e Dunning (1986), no entanto, consideram que o lazer tem tanto uma função desestressante quanto uma função moral. Dessa forma, as atividades de tempo livre funcionariam como válvula de escape para facilitar o processo de incorporação das normas sociais. Esses autores consideram que para que haja generalização das normas e para que se possa construir uma sociedade com leis e regras morais superiores, os indivíduos necessitam reprimir desejos e sonhos. Para se constituir uma sociedade onde exista o respeito ao outro, igualdade de oportunidades, democracia e liberdade de expressão faz-se necessário que seus integrantes reprimam seus atos violentos e confiem cegamente nas regras coletivas e na justiça estatal, para viverem em harmonia e solidariedade. Para que cada indivíduo, cidadão ou súdito consiga incorporar regras, e assim viverem em harmonia, existe um custo social e pessoal. As atividades de lazer, segundo Elias e Dunning, têm papel importante na formação e incorporação dessa moral coletiva. Guerras de torcidas nas disputas esportivas, xingamentos em jogos diversos, exercício da função sexual, peças de teatro, filmes e mesmo *shows* seriam formas de explosão de sentimentos diversos, além de, obviamente, se constituírem em manifestações lúdicas e de lazer. Por meio do lazer, haveria uma liberalização de atos reprimidos pela incorporação da moral estatal dominante. Desta forma, a busca da excitação seria uma forma de procura de alívio da repressão social, que acontece no tempo livre ou no lazer.

Os mesmos autores definem o lazer como o processo amplo de criação de laços sociais e interdependência, diferente, por exemplo, do mundo das obrigações sociais, como escola, trabalho, família e religião, onde ocorre a repressão. Por isso, no lazer, as formas de relação não são sistematizadas ou definidas de antemão como no trabalho, havendo sempre uma articulação com os laços sociais, com o gostar, com o desgostar, com o amar e mesmo com o odiar. Realçam, então, os autores que a importância do tempo livre e do lazer no processo civilizatório se dá exatamente porque no tempo livre são permitidas sensações que o mundo das obrigações não aceita, levando o indivíduo a ser o agente principal nos momentos de lazer. Se no mundo das obrigações e convenções sociais subestima-se a capacidade do agente social, criando uma série de ações morais e clichês, isto se inverte no mundo do lazer, quando o sujeito passa a ter uma moral menos regrada que permite, inclusive, xingamentos em jogos, uso de roupas sensuais, consumo de bebidas alcoólicas, flerte, relações sexuais. Dessa maneira, e por alguns momentos, o indivíduo deixa de viver numa sociedade moralizante e pode respirar o ar da liberdade.

Padilha (2006) salienta que o conceito de lazer é "polissêmico", tem vários sentidos e sua compreensão está na completa dependência do modo como o mundo e os sujeitos que nele vivem são vistos e certamente significados. Ou seja, pode-se compreender o lazer de muitas formas diferentes, sob pontos de vistas diversos e nem sempre compatíveis entre si.

De acordo com essa autora, a corrente dominante no estudar e no pensar lazer é a chamada funcionalismo, com a qual a autora não concorda, e que deve ser entendida como uma concepção organicista da sociedade, isto é, como se ela fosse um corpo ou uma máquina harmoniosa em que cada uma de suas partes, ou órgão, contribuísse, de acordo com suas funções específicas, para seu equilíbrio. Desta forma, diz a socióloga, na nostalgia de um passado bom, o lazer é considerado uma "válvula de escape" suficientemente capaz de estabelecer ou restabelecer a saúde física e mental do indivíduo desgastado pelo trabalho e pelas obrigações da vida cotidiana. O lazer, assim considerado, assegura Padilha, teria a missão de recuperar as forças de trabalho no intuito de poder manter o equilíbrio do sistema de produção necessário ao progresso das sociedades. Compreende-se que, neste modo de pensar, o trabalho é carregado de negatividade e o lazer de positividade, sendo este último visto como um remédio para os possíveis males sociais considerados passageiros, como o são, por exemplo, muitas doenças em relação ao corpo humano.

Contrapondo-se às ideias anteriores, Padilha propõe que o lazer seja compreendido e estudado dentro de uma lógica marxista.

O marxismo não pensa a sociedade como algo harmônico e equilibrado. Ao contrário, considera-a plena de contradições e conflitos. Da mesma forma, considera ser o homem tanto um sujeito que constrói a sociedade quanto um sujeito que constrói a si mesmo num processo histórico-dialético. Com isso, é possível concluir que nem tudo é o que parece e nem sempre a aparência coincide com a essência.

Dentro da concepção marxista, o trabalho é considerado uma das dimensões da vida do homem, que revela sua humanidade na medida em que se constitui num processo entre o homem e a natureza, no qual o homem, por conta de sua própria ação, media, regula, controla seu metabolismo com a natureza com a finalidade específica de satisfazer suas necessidades básicas. É pelo trabalho que o homem garante não só sua sobrevivência pessoal e da sua prole, mas também de toda a espécie. Trabalho, desta forma, deve ser entendido como ação criadora.

Para os marxistas, o trabalhador inserido na sociedade capitalista constitui-se numa força de trabalho por toda sua vida, 24 horas por dia. Isto significa que todo seu tempo disponível é, por natureza e direito, tempo voltado para a lógica do trabalho. Logo, já que o trabalho pertence à autovalorização do capital, passa-se a considerar futilidade o tempo para a educação humana, para o desenvolvimento intelectual e de atividades sociais, para o convívio social, para as atividades físicas, para a espiritualidade, para o tempo livre do domingo. Sendo excessivo, o trabalho usurpa tempo para crescer, para desenvolver e manter sadio o corpo, rouba o tempo necessário para o consumo de ar puro e luz solar, escamoteia o tempo destinado às refeições para incorporar este tempo ao próprio processo de produção. À medida que a vida do trabalhador é regida pelo capital, sua saúde é afetada, e isso em decorrência não só das próprias jornadas de trabalho, mas também da pouca disponibilidade de tempo livre necessário para o descanso, o sono saudável, a concentração, renovação e restauração da força vital e mesmo a reanimação de um organismo esgotado. Além disso, o roubo de energias físicas e espirituais decorrente da intensificação e prolongamento da jornada de trabalho ao longo dos anos acaba por interferir não apenas na saúde do trabalhador, mas também na própria duração da vida dele. Sendo assim, dizem os marxistas, o trabalho acaba gerando no trabalhador uma sensação de sofrimento em vez de bem-estar, de não canalização e utilização adequada de sua energia física e mental, exaurindo-o e deprimindo-o, tornando--o contrariado no trabalho e só se sentindo à vontade em seus momentos de folga, quando então o seu trabalho passa a ser voluntário e não imposto. O trabalho, reafirma Marx, não se constitui na satisfação de uma necessidade, mas apenas num meio de satisfazer outras necessidades.

A partir desse raciocínio, Padilha (2006) entende que o lazer pode ser compreendido segundo duas variáveis básicas: o tempo e a atitude. Como atitude, o lazer é concebido como estilo de vida, estabelecendo desta forma, uma relação entre o sujeito e a experiência vivida, de forma tal a proporcionar prazer. E por essa razão o próprio trabalho pode se tornar uma fonte de lazer. Já a variável tempo leva--nos a considerar o lazer segundo a ideia de tempo livre, de liberação não só do trabalho, como também das obrigações diárias com a sociedade de uma forma geral.

Ainda dentro desta lógica marxista, Padilha faz duas observações bastante pertinentes no que se refere ao lazer. Primeiro, explica que não há como se considerar todo trabalho "ruim" e nem todo lazer "bom", ambos podem ser alienantes. Segundo, o lazer, dentro da sociedade capitalista, é uma mercadoria que se compra e vende, e assim, numa sociedade constituída de classes sociais economicamente distintas, o lazer não é igual para todos.

Mascarenhas (citado por PADILHA, 2006), outro autor marxista, corrobora o pensamento anterior. Ele diz que o lazer após a Revolução Industrial passa a ser uma estratégia de controle, cuja função seria a de definir a forma correta e adequada do tempo livre, numa tentativa de erradicar as tradicionais manifestações do ócio, consideradas viciosas e capazes de fazer adoecer moral e fisicamente a força do trabalho. Desta forma, segundo o autor, na sociedade capitalista que vivemos o lazer tem tanto uma função de controle sobre corpo e mente dos trabalhadores quanto de difundir o modo de vida burguesa frente aos interesses mais imediatos do capital, tornando-o, por conta de sua potencialidade temporal para o consumo, uma simples mercadoria passível de compra e venda.

Aproveito essa breve explanação sobre lazer visto pelo marxismo para falar de dois clássicos defensores de uma drástica redução nas horas dedicadas ao trabalho: Lafargue e Russell (2001). Isto se justifica porque Lafargue foi casado com a filha de Karl Marx e ardoroso defensor e propagador das ideias do sogro.

Ambos defendiam, em sua época, que as horas dedicadas ao trabalho não deveriam se estender por mais três a quatro horas por dia. Lafargue, médico e político, já em 1880, proclamava o direito ao ócio como única forma de equilíbrio existencial, dizendo inclusive que "uma estranha loucura tomou conta das classes operárias... esta loucura é o amor pelo trabalho, a paixão agonizante pelo trabalho". Já Bertrand Russell (1872-1970), filósofo e ganhador do prêmio Nobel, afirmava que "se trabalha demais no mundo de hoje... a crença nas virtudes do trabalho produz males sem conta" (p. 143). Ambos os autores justificam esta proposta de se trabalhar poucas horas como uma forma possível de se conseguir um equilíbrio socioeconômico na sociedade industrial, com consequente melhoria das condições de vida da população em geral.

Considerando o trabalho um ótimo tempero para o ócio, Lafargue (2003) contrapõe o direito ao ócio a outros direitos então defendidos para os operários: direito ao trabalho, à preguiça, ao lazer, ao prazer. Crítico feroz da falta de ética na produção e do consumo, da lógica do mercado e da indústria, da ciência e da técnica em suas condições anti-humanas, Lafargue recusa a moral tecnológica e a economia subtraída ao controle humano. Inspirado ainda nas tradições grega e romana do *skolê* e o *otium*, de Platão e Aristóteles, que preconizavam que os cidadãos de suas repúblicas ideais deveriam viver maior ociosidade, corroborando as ideias de Xenofonte, de que o trabalho tira todo o tempo, não deixando tempo livre para a república e os amigos, Lafargue é um dos primeiros a romper com o caráter sadomasoquista da civilização contemporânea.

Para terminar o capítulo, cito Sue (citado por CUENCA CABEZA, 2005), que organiza, de uma maneira interessante, as funções do ócio em três grupos: psicológicas, sociais e econômicas. O primeiro grupo inclui as funções de desenvolvimento, diversão e descanso, as quais atendem parcialmente à compensação das perdas humanas pelo trabalho e possibilitam equilíbrio psicológico ao indivíduo. As funções sociais relacionam-se com a integração social, o simbolismo e a terapia. Na integração social, o ócio pode desfazer o isolamento que as pessoas vivem na atualidade em decorrência das condições atuais de trabalho, da urbanização intensa, das novas formas de viver, as quais acabam gerando um empobrecimento das comunicações com consequente isolamento. Na função simbólica, há uma melhor percepção de identidade, pertencimento a uma categoria social e mesmo afirmação pessoal com relação aos demais por conta de atividades de diversão. E na função terapêutica, o ócio oferece condições para a manutenção da saúde física e mental. Por fim, as funções econômicas ressaltam a crescente demanda de atividades relacionadas ao ócio, com aumento dos gastos pessoais e familiares com atividades de ócio, o que traz consequências para a economia em si.

Capítulo 3

A concepção de mundo de Heidegger

HEIDEGGER COMO PENSADOR NO CAMPO DA SOCIOLOGIA CONTEMPORÂNEA

De acordo com Heidegger não escolhemos nem quem serão nossos pais, nem em que mundo nasceremos e viveremos. Simplesmente somos colocados no mundo e caberá a nós achar uma maneira adequada de nele sobrevivermos. Dessa forma, poderemos tanto cair no senso comum, na mesmice que nivela tudo e todos ou nos transcender a essa mesmice, achando e criando novas possibilidades e oportunidades para nós mesmos. A todo ser humano é dada esta possibilidade de transcender e de procurar uma nova solução. E será dentro de nós mesmos que acharemos as ferramentas necessárias para essa superação, essa transposição.

A mesmice da vida, a rotina, o dia a dia da vida acaba por levar o homem a um desinteresse pelas coisas, uma coisificação da vida que passa a não ter mais sentido. É nesse momento de dor e sofrimento psíquico caracterizado pela percepção da falta de sentido da vida que o ser humano se dá conta do vazio e passa a se angustiar, nesse momento que o ser humano se dá conta de sua temporalidade, de sua vulnerabilidade e finitude.

Considerado extremamente vaidoso e, até mesmo, pretensioso, por muitos dos seus críticos, Heidegger passou a criar novas palavras em alemão, transformar outras e mesmo equiparar muitas delas ao grego. Fascinado pela cultura grega e mesmo vendo pontos de encontro entre a língua alemã e o grego clássico, Heidegger é de difícil entendimento num primeiro momento e quiças num segundo e terceiro. Seus escritos devem ser desvelados para que possam ser compreendidos.

Martin Heidegger, (1889-1976) foi, sem, dúvida alguma, uma das grandes figuras da filosofia do século XX. Testemunha de uma época conturbada, muito mais pelas suas análises do que pelo seu estilo de comportamento, diz Stein (1989), Heidegger fez parte da geração dos anos 20 (século XX), uma geração situada entre as duas guerras mundiais, a mesma de Freud e de Thomas Mann. Em 1923, assumiu uma das cátedras de filosofia da Universidade de Marburg e é a partir de então que passou a ser reconhecido por suas interpretações, aliás um tanto quanto pessoais, dos pensadores pré-socráticos. Em 1927, publica então seu maior e mais conhecido livro (inacabado por sinal) intitulado *Ser e Tempo* e é exatamente essa obra que o projeta, de acordo com Stein, como o mais famoso representante da filosofia existencialista, qualificação esta que ele mais tarde repudia. Em 1933, com a ascensão de Hitler ao poder, Heidegger então filiado ao Partido Nazista torna-se reitor da Universidade de Freiburg permanecendo poucos meses no cargo. Mas foram meses suficientes para, no entender de Alasdair Macintyre, citado por Stein, aplaudir o nacional socialismo no poder e mesmo participar da destruição da liberdade acadêmica ao afastar-se de seu antigo mestre Husserl de origem judaica. Mesmo assim, a genialidade de seus escritos serviu de ponto de partida para diversos debates decisivos da filosofia de sua época e mesmo para épocas posteriores. A publicação de *Ser e Tempo*, em 1927, ocorreu justamente em um momento de grande agitação na Alemanha. A Primeira Guerra Mundial, que terminara em 1918, havia deixando um lastro de destruição e morte, nada comparável ao que sucederia na Segunda Guerra Mundial, mas ainda assim suficiente para suscitar uma "revolução" no pensar europeu da época. Como disse Steiner (1982), o mundo estava perplexo e havia necessidade urgente de mudanças. Por conta disso surge nesta época uma constelação de livros com conteúdos muito diferentes de tudo que até então havia sido produzido na história do pensamento ocidental: entre 1918 e 1927 foram publicadas na Alemanha seis obras de importância ímpar para o pensamento da época e uma delas foi *Ser e Tempo*, de Martin Heidegger. Esse livro, explica Steiner, deve então ser entendido como um produto imensamente original com claras afinidades com o pensamento apocalíptico vigente e concebido numa Alemanha situada entre o cataclismo de 1918 e a ascensão do Nacional Socialismo ao poder. A partir desta obra Heidegger se emancipa definitivamente do seu mestre Husserl

(1850-1938), se encaminhando então para a realização de uma "Fenomenologia Hermenêutica" com o objetivo de interpretar os diferentes modos de ser do ser humano junto às coisas, com os outros e consigo mesmo.

Para tanto me valho dos escritos de Stein e de Weschedel (1999) para desvelar os escritos de Heidegger,

Em *Ser e tempo*, Heidegger (1989), explica Stein, aborda o problema do ser de uma forma diferente do que o fora até então pela metafísica tradicional. Na sua concepção e entendimento a metafísica grega já havia colocado corretamente a temática do ser e até já havia ensaiado respostas e mesmo lançado sementes para a solução do problema. No entanto, continua ele, pelas mais diversas razões o significado autêntico e mesmo as conquistas dessas primeiras especulações acabaram por ser alteradas. De acordo com Heidegger foram exatamente os teólogos escolásticos os responsáveis pela trivialização da ontologia, passando a trabalhar com um conceito vazio e abstrato de ser. Heidegger inova utilizando-se do método fenomenológico de Husserl (a fenomenologia aborda os objetos do conhecimento tais como aparecem, ou seja, da forma como se apresentam imediatamente à consciência) para estudar o ser. Dessa forma, Heidegger, continua Stein, deixa de lado, "coloca entre parentes" qualquer pressuposição sobre a natureza desses objetos, colocando como ponto de partida de sua reflexão aquele ser que se dá a conhecer imediatamente, ou seja, o próprio homem. O ser humano, afirma o filósofo, se diferencia de todos os outros entes pelo fato de ser o único que fala, sendo, portanto, o único capaz de estabelecer uma relação com seu próprio ser, ou seja, de compreender a si mesmo. O caminho que leva ao ser, reafirma Stein citando Heidegger, passa então pelo homem, já que ele está sozinho para interrogar-se a si mesmo, colocar-se em questão e mesmo refletir sobre seu próprio ser. Heidegger denomina a existência humana de *dasein*, termo alemão que pode ser traduzido por "ser-aí".

Já Weischedel (1999) considera que em *Ser e Tempo* Heidegger reascende o que Platão denominou de "batalha de gigantes acerca do ser". A questão central do livro é, diz ele, a indagação do que é o "sentido do ser" e a que visamos quando pronunciamos a palavra "é", ou seja, quando dizemos "a arvore é", o "homem é", "Deus é". Essas perguntas, continua Weischedel, a princípio podem parecer muito abstratas mas na realidade num olhar mais atento percebe-se que conduz à profundidade das razões e dos abismos do pensamento.

É no entendimento do Ser, que se torna acessível ao homem, o Ser pelo qual pergunta diz Heidegger. Ou seja, o homem já entende desde sempre o que o ser significa. Este entendimento, prossegue Weischedel, se expressa tanto na linguagem quanto na vida cotidiana com as coisas e no trato com os outros homens. Dessa forma, Heidegger fala do homem como o lugar de entendimento do ser, afastando-se, assim, de um conceito abstrato de homem, propondo no homem concreto, empírico, que se autoentende e se autoexperiência. Heidegger não considera o homem de um ponto de vista fora dele mesmo, de Deus ou de um espírito absoluto, mas da forma como ele aparece dentro da sua própria perspectiva. Para Heidegger, ainda segundo Weischedel, o homem não está aí simplesmente como uma pedra ou uma árvore, mas vivendo nas e das possibilidades no sentido das quais se projeta. Desta forma, cada homem tem "seu" mundo, no qual ele existe entre outros entes e com outros homens ("ser-no-mundo" e "ser-com-outros"). Cabe ao homem a prerrogativa de abrir o mundo, tornando-o visível, reconhecido e sentido. Sem a intervenção do homem, o mundo permanece fechado. O mundo se torna manifesto na medida em que há o "irrompimento do homem na totalidade do ente". A isto Heidegger denomina a "transcendência" da existência humana. O homem transcende ao ultrapassar todo ente, tornando-se o ser que, por assim dizer, constitui o horizonte de todo entender, sentir e conhecer. Da mesma forma, para Heidegger, completa Weischedel, existência ("ec-sistênica") não significa somente o "ser-aí" do homem, ou seja, o fato de estar simplesmente presente como uma pedra ou uma árvore, mas sim quem o homem realmente é no modo de existir, do estar fora de si mesmo, de estar fora no ser já desde sempre entendido.

Para uma interpretação mais precisa do "ser-no-mundo", Heidegger se baseia na situação cotidiana do homem. "Ser-no-mundo" vai, então, significar que o homem não está, a princípio, em si próprio, mas sim à mercê do mundo. O homem, explica Weischedel, não é ele mesmo, mas aquilo que "se" é, já que está entregue ao "se". Sua tarefa é, portanto, a de sair dessa situação para se tornar em verdade ele mesmo. Assim se explica certos estados básicos de ânimo que nada mais são do que indicativos de como as coisas vão para ele e que, por meio disso, o arrancam de seu vegetar irrefletido e de suas ilusões.

A angústia é, para Heidegger, a mais importante das disposições afetivas do homem.

A angústia heideggeriana, de acordo com Stein (1991), é o sentimento que pode reconduzir o homem ao encontro de sua totalidade como ser, juntando os pedaços a que o homem é reduzido por conta de sua imersão numa vida cotidiana monótona e indiferente. É a angústia que faz com que o homem se livre das mesquinharias do dia a dia por meio de um exercício de autoconhecimento. A angústia, segundo o autor, não tem nenhuma relação com qualquer coisa existente, determinada ou determinável. Heidegger afirma que o angustiado ignora a razão de seu estado de consciência e ainda consegue perceber que alguma coisa do mundo está envolvida no processo. Na angústia, diz Stein parafraseando Heidegger, as coisas do mundo perdem toda sua importância, tornam-se desprezíveis e dissolvem-se em nulidade absoluta. Preocupações, desejos e ambições cotidianas e vulgares caem por terra. O angustiado, desta forma, não consegue localizar a causa de sua angústia, sentindo-se ameaçado por tudo e por todos. A angústia torna-se onipotente. Nada consegue proteger o homem, que acaba por se sentir completamente perdido e desvalido.

Na reprodução de Stein do pensamento heideggeriano, a angústia tem sua fonte no mundo como um todo e em estado puro, um mundo que aniquila todas as coisas particulares que rodeiam o homem e, portanto, apontando para o nada, fazendo o homem sentir-se como um "ser-para--a-morte". No entanto, Safranski (2000) nos alerta que a análise da angústia de Heidegger não se centra exatamente no medo da morte, mas, sim, no medo da vida, de uma vida que subitamente se apresenta a nós de uma maneira bastante exuberante. De acordo com o autor, a angústia demonstra com toda intensidade que a vida cotidiana está fugindo de sua contingência. Safranski assinala ainda que Heidegger lembra bem em sua obra que enquanto vivemos, a nossa própria morte não existe e, portanto, também não nos ameaça.

Ao homem, diz Heidegger, abre-se ou a alternativa de voltar-se a sua dimensão mais profunda, o ser, retornando ao cotidiano, ou a de superar a própria angústia transcendendo o mundo e a si próprio. O transcender, ou seja, a capacidade do homem para atribuir um sentido ao ser, é uma das colocações mais fundamentais da análise ontológica heideggeriana. O homem transcende especialmente no que diz respeito a si mesmo e a seu próprio futuro. Por não ser o homem um ser acabado, por não conseguir nunca ser tudo aquilo que poderia ser, o homem está sempre diante de uma série infinita de possibilidades, sobre as quais se projeta. A isto Heidegger chama de inquietação: a permanente tensão entre aquilo que o homem é e aquilo que virá a ser. É essa inquietação que estrutura o ser do homem dentro da temporalidade, prendendo-o ao passado e, ao mesmo tempo, lançando-o para o futuro. Em resumo, segundo Stein (1991), o homem consegue ultrapassar seu estágio de angústia, assumindo seu passado e, ao mesmo tempo, seu projeto de ser, afirmando, desta forma, sua presença no mundo e tomando o destino nas próprias mãos.

Um dos pilares da teoria heideggeriana tem a ver com a temporalidade e com a questão da eternidade. Somos "ser-para-a-morte". Temos medo da morte e a nossa angústia existencial origina-se aí. Boss (1975) tem um texto maravilhoso sobre o assunto, no qual diz que "infelizmente, nós, médicos, somos muito mal preparados para uma compreensão do viver e do morrer do homem, da vida e da morte humana... Nossa formação sempre põe, por assim dizer, o carro na frente dos bois" (p. 68). Para Boss, somos todos seres com possibilidades existenciais e uma delas se destaca: a possibilidade da existência do poder morrer. Segundo ele, "sua realização, que cada um deve realizar por si só, consiste que com ela nossa existência se abandona por si mesma" (p. 71). Daí que a possibilidade de morte dos homens é a possibilidade do não mais "poder-estar-aqui". Na verdade, na medida em que já existe o "ser-aí" do homem, ele já está lançado na possibilidade do morrer. O homem é provavelmente o único ser vivo que sabe do seu "ser-mortal" e do seu "ter-que-morrer". Ainda conforme o autor, nossa civilização é possessiva, onde a vida passa a ser entendida como uma posse, a maioria das pessoas quer agarrar a vida como uma posse permanente. Daí a morte ser negada o máximo possível. Dessa forma, enxergamos bem a morte dos outros, negamos a nossa própria colocando-a numa distância enorme e inexpugnável e ainda consideramos a morte uma mera transformação de um ser vivo em algo inanimado. Isso tudo gera muita angústia às pessoas.

A temporalidade, portanto, torna-se assim uma dimensão fundamental da existência humana. Heidegger, segundo Safranski (2000), explica a temporalidade como mortalidade. O *dasein* sabe de sua morte, sabe que vai passar, sente que vai passar, que o curso da vida é sempre um passar da vida e que, desta forma, todos nós vivenciamos o tempo em nós mesmos, como esse passar. Por isso, reafirma Heidegger, "esse passar não é o fato da morte no final da nossa vida, mas a maneira como a vida se cumpre, pura e simplesmente como do meu *dasein*" (p. 172).

Nos dias atuais, bem como diz Svendsen (2006), não sofremos tanto mais de ansiedade, mas cada vez mais de tédio. Tédio procede do latim *taedium*, do verbo *taedere*, e é traduzido nos dicionários como fastio, desgosto, aborrecimento, dissabor, enjoo, repugnância, tudo que enfada, molesta, cansa, incomoda. No tédio, portanto, existe o aborrecimento, o desgosto, a falta de algo, a vivência do tempo fica estagnada, o espaço fica mais reduzido no sentido de desgosto, enjoo, falta de iniciativa. O tédio, ainda conforme o autor, não é privilégio de ninguém, todos nós de alguma forma e em algum momento o vivenciamos, porém, só o consideramos uma neurose quando ele nos domina e escraviza.

O conceito de neurose do tédio nos é dado por Boss (1975). Trata-se, segundo ele, de uma neurose da época atual, uma neurose do vazio, da falta de sentido que vem a substituir, nos dias de hoje, a neurose histérica de Freud. De fato, essa genial percepção desse pensador da cultura do início do século XX começa a perder sua força a partir do final do século, na medida em que o "ser-aí" se vê atirado num mundo que lhe parece estranho e sem sentido e que busca desesperadamente poder achar sua clareira e uma luz para sua vida.

Para Boss, a função principal do tédio seria a de encobrir sentimentos de angústia e de culpa particularmente sinistros. Angústia e culpa, fatores dominantes na vida dos seres humanos, antigamente se escondiam no interior do corpo, gerando os chamados distúrbios funcionais cardíacos, gástricos, intestinais e outras neuroses orgânicas. No mundo moderno, segundo o autor, tanto uma como outra tendem a se esconder mais e mais sob a fachada de um tédio vazio ou por trás de gélidos sentimentos desolados de completa insensatez de vida, provocando um sofrer do tempo vagaroso, uma secreta saudade de estar abrigado num lugar familiar e inacessível ou por uma pessoa querida e distante, um contínuo de atividades ininterruptas dia e noite e ainda o uso abusivo de tranquilizantes e outras drogas. Como bem declara Heidegger (citado por Svendsen, 2006), "a angústia não está mais tão angustiada, mas o tédio está cada vez mais entediado" (p. 128).

Em artigo publicado em 1997, Spanoudis justifica esse tédio relacionando-o ao declínio da religiosidade frente a uma sociedade atual tecnológica, consumista, massificada, padronizada, na qual o simples se desvanece e onde o nascimento e a morte individual em nada alteram as chamadas "totalidades" dessa sociedade, isto é, os padrões de cultura, estratificação da sociedade, raças, conceitos, tradições, costumes etc. Os tediosos, ainda segundo o autor, aparecem tensos, com expressão artificial, padronizada, preocupados com queixas difusas, com atitudes passivas e até com dificuldades de encarar um futuro. Para eles, a ocupação com rádio e televisão (acrescentaria computador e internet) torna-se uma atividade compulsiva e o comprar, uma obrigação de vida. O afeto é substituído por agressividade contra si mesmo e contra os outros. A alienação traz consigo sentimentos de culpa, incapacidade de amar, acentuação do desejo de posse. A solução possível, propõe Spanoudis, seria a de o *dasein* conseguir se libertar da massificação e da alienação, encontrando-se a si mesmo, entrando num relacionamento autêntico do **eu**, **tu**, **nós** e se tornando capaz, inclusive, de se propor algo. Mas, como já dizia Heidegger em sua obra *Os conceitos fundamentais da metafísica* (2003), o tédio já existe, mas está adormecido. Há, portanto, a necessidade de despertá-lo, em vez de deixá-lo dormir por meio das diversas formas corriqueiras de passatempo, até porque estamos também "adormecidos" em nossos passatempos habituais, em nossa vida real. Trata-se, segundo Heidegger, de um sono destrutivo que oculta nossas verdadeiras possibilidades, fazendo com que na nossa vida real não consigamos acesso aos fundamentos da existência.

Dentro da concepção heideggeriana de ser e mundo, angústia e estresse não se confundem. No estresse, os sintomas descritos como a doença estressora devem ser entendidos como uma forma de "chamado" para si mesmo, para seu próprio existir. Dessa forma, o estresse aponta para algo que está errado na própria vida da pessoa estressada, ou seja, na maneira como essa pessoa está vivendo. Já a angústia arranca a pessoa do mundo para que ela possa refletir sobre o sentido da vida, da sua vida. Almeida Prado (2003), inclusive, chama a atenção para o fato de que, em um primeiro momento, são os sintomas corporais que fazem com que as pessoas saiam da alienação e do abrigo da queda e comecem a ter consciência de seu próprio ser. Tal inquietação, entretanto, não se configura propriamente como uma angústia nem como uma neurose do tédio.

Assim, o fenômeno estresse, analisado por Heidegger no Seminário de Zollikon (Heidegger, 2001b), realizado em 1966, é definido como um existencial determinado pelo ser lançado, pela compreensão e pela linguagem, como uma solicitação excessiva endereçada a alguém; como um ser ou estar oprimido e mesmo, algumas vezes, uma desopressão, além de ser algo, inclusive, que preserva a vida. O estresse, segundo Heidegger, não só pertence à constituição do ser humano como também tem relação direta com o fenômeno da queda.

Prado ainda nos lembra que o estresse tem sido algo tão habitual e tão conhecido que alguns de seus sintomas, como insônia, dores nas costas e na região cervical, correria contra o tempo e ansiedade por resultados tornaram-se, inclusive, de domínio público. Da mesma forma, se tornou habitual entre as pessoas acumular atividades que teoricamente combatem o estresse, mas na prática nada mais fazem do que piorá-lo. São os famosos "tenho que" ir à academia, meditar, dormir mais, fazer um *check-up*, ter prazer. Tudo isso por conta de uma sociedade que nos solicita em demasia, nos bombardeia seguidamente, continuamente com uma quantidade tal de informações impossível de ser assimilada, que nos exige um nível de especialização e de conhecimento específico que vai muito além das nossas possibilidades e que nos leva facilmente a sensações de fracasso e até nos obriga a fazer mais coisas num tempo que sempre consideramos insuficiente. Afinal, pressionados pela velocidade tecnológica, estamos exigindo cada vez mais que nosso biológico resolva mais coisas num simples piscar de olhos. Heidegger, aliás, é um crítico importante da técnica, muito mais em um sentido construtivo do que destrutivo. Ele considera que estamos vivendo uma época de grande perigo, com ameaça, inclusive, à própria essência do homem, por conta da transformação que o modo de pensar e de ser do homem vem sofrendo ao longo dos séculos no que se refere ao modo de compreender não só os entes em geral, mas também a natureza e mesmo o *dasein*. Assim, nesta época atual de grande avanço tecnológico, o homem, a natureza e todos os entes passaram a ser apreendidos como meros estoques: a natureza passou a se compreendida, desvelada e descoberta como uma reserva de energia estocada e estocável para nosso uso e serventia, da mesma forma que o homem passou a ser, ele também, entendido, desvelado e descoberto como material humano disponível, como força de trabalho, como reserva e estoque para uso e serventia. Em resumo, o homem atual, moldado pela técnica, já não encontra mais a si mesmo, isto é, a sua essência.

Termino este capítulo com algumas considerações de Heidegger sobre a questão do tempo e da temporalidade. Para ele "já temos o tempo" (2001b, p. 83). O tempo, explica Heidegger, nos é concedido para que o usemos de uma forma ou de outra, ou seja, ele nos pressiona mesmo quando achamos que não temos tempo. Somos assim, prossegue Heidegger, atingidos pelo tempo de uma maneira constante e inevitável. O tempo, continua o mestre, , é sempre tempo para algo. Tempo é sempre o tempo em que isto e aquilo acontecem, é sempre um tempo interpretável para algo, datado para algo; é ampliado e nunca um ponto isolado de um agora. Mais ainda, o tempo é conhecido de todos, é acessível aos homens no "ser-com-e-para-os-outros", é público e é com estas características que ele se apresenta a nós. Portanto, quando falamos de "ter tempo", "sobrar-nos tempo", "não nos sobrar-nos tempo", estamos nos referindo a um trato com o tempo que vai nos permitir calcular e medir esse tempo. A relação que temos com o tempo não é nenhuma relação ligeira, diminuta, mas, sim, justamente que sustenta nossa morada no mundo.

O tempo que temos, quer o sacrificamos quer o desperdiçamos, é sempre o tempo que dispomos para dividir ou organizar de uma forma ou de outra, sem nunca deixar que perca sua característica de tempo. Juntamos passado, presente e "vir-a-ser" para podermos estruturar o tempo, mas acabamos trazendo passado e futuro para o presente, para que dessa forma possamos manter o tempo a nossa disposição. Em outro momento no mesmo seminário (p. 72-73), Heidedegger vai analisar a afirmação "não tenho tempo agora", dizendo que tal afirmação não significa exatamente uma negação do tempo, já que o tempo não desaparece, ele existe e está aí. O sentido de não ter tempo é de não ter tempo para algo determinado, não sendo, portanto, uma negação no sentido de uma simples negação do tempo. Já a expressão "ter-tempo" é um ter tempo para algo, dizemos, prossegue Heidegger, que o tempo é interpretável (não significativo, porque significar poderia sugerir facilmente algo como simbolizar). O "tempo" considerado em cada caso interpreta, como tal, um *para quê*. "Não tenho tempo" é, pois, uma negação e também não é. O tempo para esquiar me falta – embora eu tenha tempo, ele "não me sobra para"... O tempo para isso não me está à disposição, de certa forma, me é tomado. Heidegger prossegue considerando que quando negamos alguma coisa sem simplesmente excluí-la, mas retendo-a justamente no sentido de que algo lhe falta, esta negação chama-se **privação**. Daí o conceito de privação do tempo: não o excluímos, o retemos.

Capítulo 4

Método

Considerações metodológicas

O homem, segundo Heidegger, é apenas um ouvinte e um respondente privilegiado da existência.

Para poder cumprir o propósito de ouvir os médicos quanto a compreensão do lazer e, especificamente, do próprio lazer deles, optei por usar inicialmente uma metodologia quantitativa, a qual gerou uma metodologia qualitativa fenomenológica baseada na hermenêutica heideggeriana.

De acordo com Beaini (1980), a fenomenologia hermenêutica refere-se à possibilidade de expressão simbólica da linguagem, à qual se vincula o problema do sentido que nela, às vezes, emerge, e, outras vezes, permanece oculto, podendo manifestar-se por um símbolo. Na abordagem heideggeriana, a hermenêutica é tomada num sentido mais amplo do que a teoria e metodologia de um gênero de interpretação. Ela é orientada para a "busca do significado do discurso através da linguagem" – uma interpretação da descrição do fenômeno em si, vivenciado singularmente pela condição de "ser-aí", do *dasein*. Dessa forma, não cabem modelos ou teorias explicativas válidas para tudo, à medida que cada ser "des-oculta" e compreende os fenômenos que a experiência da ótica de sua condição de *dasein*, de acordo com seu modo de ver e ser no mundo.

A hermenêutica heideggeriana tem como tarefa elucidar o significado subjacente ao discurso do ser humano – o significado ocultado e "des-ocultado" pela linguagem. Assim, por meio da interpretação hermenêutica, indo-se além dos aspectos parciais do discurso, em busca da mensagem total deste, ocorre a possibilidade de se entender o ser humano, o seu modo de existência. Ultrapassar o manifesto na direção de uma maior compreensão do ser é a missão da interpretação hermenêutica (Bruns & Holanda, 2001). É assim que se pode restaurar a voz do homem em fusão com a realidade que a ele se desvela na experiência e na fala sobre ela. Uma vez que a fala nos possibilita acessar o fenômeno interrogado, o qual se insere na vida do homem, utilizamos a técnica da entrevista como forma de acessar a vivência do sujeito, bem como os significados a elas atribuídos.

Faz-se importante entender aqui o sentido que Heidegger dá a fenômeno. Em *Ser e tempo* (Inwood, 2002), Heidegger dá uma explicação dos dois constituintes da "fenomenologia". Um fenômeno, do grego *phainomenon*, é "o que se mostra em si mesmo". Distingue-se da "ilusão" e da "aparência". Dessa forma, exemplifica Heidegger, as manchas do sarampo mostram-se, manifestam-se, são um fenômeno. Mas as manchas podem ser ilusórias, um truque de luz ou até pintadas. Assim, tal ilusão é uma "modificação" de um fenômeno anterior. Somente o que parece mostrar-se pode ser uma ilusão: as manchas que se mostram parecem ser manifestas, mas na realidade não são. As manchas, quando genuínas, são um sintoma de sarampo, já que "anunciam" esta doença. As manchas "referem-se" ao sarampo, a doença aparece nas manchas que são, na realidade, uma aparência desta. Logo, o sarampo é uma aparência, mas não um fenômeno: ele não se mostra do modo como as manchas o fazem. Quando o sarampo aparece, as manchas precisam mostrar-se. Inversamente, algo pode mostrar-se sem ser a aparência de algo que não se mostra.

A palavra grega *logos,* ainda de acordo com Heidegger, significa "razão, julgamento, conceito, definição, solo, relação". Mas, seu sentido primordial é "tornar manifesto" e o de seu verbo *legein* "dispor, arranjar, reunir, falar etc." é "tornar manifesto, revelar". *Logos*, dessa forma, significa "fala do discurso", já que a fala revela aquilo sobre o que se fala. A fala ainda revela algo *como* algo, *a* como *b*, possui a estrutura da "síntese", dizendo que *a* é *b*. Pode ser, então, verdadeira ou falsa, apresentando algo como o que ele não é.

Dessa forma, conclui Inwood (2002), para Heidegger os significados de *phainomenon* e de *logos* convergem. Fenomenologia significa, assim, que se deixe e que se faça ver por si mesmo tudo aquilo que se mostra, da forma como se mostra a partir de si mesmo. Ela não especifica o que são os fenômenos, apenas como devemos deles nos aproximar. Fenômenos devem ser "demonstrados diretamente" e não postulados a partir de outros fenômenos ou de doutrinas tradicionais.

Sujeitos

Todos os médicos do hospital no qual foi realizada a pesquisa (cerca de 250), foram convidados para participar independentemente de gênero, idade, especialidade ou subespecialidade e vínculo empregatício. Do total de questionários distribuídos, 37 responderam e passaram a se constituir sujeitos dessa parte quantitativa da pesquisa. Desses que responderam ao questionário, oito se prontificaram a continuar participando da fase qualitativa da pesquisa, sujeitando-se, então, a entrevista única de longa duração. Foram, então, realizadas sete entrevistas, das quais seis foram com médicas e somente uma com um médico. Desse grupo de sete médicos, seis eram pediatras e todos eles tinham em comum o fato de darem plantões diurnos e ou noturnos na unidade de pronto-socorro do hospital e uma única era cirurgiã plástica dedicada a um trabalho voluntário de reabilitação de crianças portadoras de defeitos congênitos ou decorrentes de tumores. Do grupo dos pediatras, todos com residência médica e estágio em subespecialidades, dois tinham entre quinze e vinte anos de formados, e quatro tinham menos de dez. Já a cirurgiã plástica, a mais velha do grupo, tinha mais de trinta anos de formada. À época da pesquisa, dois pediatras também exerciam funções administrativas no hospital.

Os entrevistados haviam se proposto voluntariamente a falar sobre a questão do lazer na sua vida pessoal. O tema da entrevista foi introduzido por meio de uma simples explicação do propósito da pesquisa – "estamos pesquisando o lazer na vida dos médicos", seguido de uma demanda objetiva e também simples – "gostaria de saber o que você tem a falar sobre o assunto". Todas as entrevistas foram realizadas no ano de 2008, a maioria no inverno, num momento em que São Paulo passava pela ameaça de epidemia de gripe suína, e hospitais como este, onde foi realizada a pesquisa estavam repletos de crianças necessitando de atendimento. Com exceção de uma das entrevistas, todas as outras foram realizadas no próprio hospital. Cinco pediatras foram entrevistados na própria emergência do hospital e uma só ocorreu em seu outro local de trabalho. A cirurgiã plástica foi também entrevistada no hospital, mas na sala que usa para atender seus pacientes.

Todos os pediatras trabalhavam no serviço de emergência do hospital, todos eram funcionários concursados e trabalhavam em regime de plantão tanto diurno quanto noturno.

Dos entrevistados, a cirurgiã plástica era a mais velha. Próxima da aposentadoria compulsória na faculdade de medicina em que lecionava, prestava no hospital um serviço voluntário de reconstituição, especialmente de faces lesionadas. Apesar da sombra da aposentadoria, continuava trabalhando intensamente e dedicando-se tanto a sua carreira cirúrgica quanto a sua carreira acadêmica de ensino e pesquisa.

O único médico entrevistado tinha o menor número de anos de profissão. Como também ocorria com as médicas, esse pediatra havia feito residência médica seguido de uma formação em subespecialidade. Na época da entrevista, ele havia já terminado toda sua formação e iniciava, assim, a vida profissional propriamente dita. Duas das médicas entrevistadas tinham cerca de vinte anos de profissão, muitos deles exercidos neste mesmo hospital. No momento da entrevista, ambas acumulavam cargos administrativos no hospital. As outras três médicas eram mais jovens, em início de vida profissional, com cerca de dez anos de formadas. Entre as pediatras, três eram casadas, mas nenhuma com filhos. Todas eram casadas com médicos, uma delas com um pediatra também. Tanto o médico quanto uma das médicas tinham um relacionamento estável e uma perspectiva de casamento em curto prazo. A namorada do médico era também pediatra.

O meu interesse pela questão do lazer parece ter surpreendido os médicos entrevistados, como se nunca tivessem refletido anteriormente a respeito do tema.

Local da pesquisa

O local de pesquisa escolhido foi um hospital pediátrico público de alta complexidade situado na cidade de São Paulo. Entende-se aqui um hospital de alta complexidade como um hospital aparelhado e preparado para receber pacientes pediátricos em diversas especialidades, casos crônicos e casos mal sucedidos em tratamentos anteriores em outros hospitais e serviços. Dotado de uma estrutura tecnológica sofisticada, esse hospital atende exclusivamente pacientes do Sistema Único de Saúde (SUS) e contava com aproximadamente 250 médicos em seu corpo clínico, entre pediatras, cirurgiões pediátricos e alguns outros especialistas de retaguarda. Todos os médicos componentes do quadro clínico tinham à época título de especialista em pediatria e mesmo uma subespecialidade, e boa parte deles tinha título de mestrado e/ou doutorado em medicina.

Instrumentos e procedimento de coleta de dados

Para se cumprir a primeira parte da pesquisa, a parte quantitativa, foi preparado um questionário (Anexo, p. 207) específico em que constava a identificação do responsável pela pesquisa, uma pequena explicação da finalidade dela, o pedido de "por favor, inicialmente, **pense em uma semana típica da sua vida** e responda da melhor maneira possível as questões abaixo", seguido de cinco perguntas a serem completadas com números, e, por fim, o mesmo pedido, porém dessa vez voltado para uma **semana atípica**, seguido das mesmas perguntas do item anterior. Desta forma, foi perguntado a cada médico o número de horas gasto habitualmente por semana com o trabalho, com a família, com o dormir, com os cuidados pessoais e com o lazer ligado ao prazer pessoal, tanto em uma semana típica quanto em uma atípica.

Os questionários não foram identificados e, portanto, só foi necessário o consentimento da diretoria do hospital para que eles fossem distribuídos.

Com a ajuda de uma secretária do hospital, os questionários foram estrategicamente colocados na sala de assinatura de ponto dos médicos, mas em verdade só foram em sua maioria respondidos por conta do empenho dessa referida secretária.

A distribuição dos questionários se deu no primeiro semestre de 2009. Eles ficaram disponíveis por um mês e depois foram recolhidos.

Junto a cada um dos questionários foi entregue uma carta convidando o médico a participar da fase qualitativa da entrevista. Oito responderam positivamente ao convite, sendo realizadas sete entrevistas.

Há de se deixar registrado as dificuldades que tiveram de ser enfrentadas e ultrapassadas tanto na distribuição dos questionários quanto no levar a termo as entrevistas. A maior delas foi a eclosão, na época, de uma epidemia de gripe que acabou por lotar o pronto-socorro do hospital, de forma a sobrecarregar os médicos que passaram a dispor de pouquíssimo tempo livre para seus outros afazeres que não o trabalho. Uma outra dificuldade encontrada foi a de conciliar horários, já que os médicos neste hospital tinham jornadas e esquemas de trabalho os mais variados possíveis. Outra, ainda, foi a demora que se deu entre a concessão da autorização para a realização da pesquisa, inclusive com o parecer da comissão de ética, e o início dela. Neste longo intervalo de tempo, houve mudanças na diretoria do hospital.

Seis das entrevistas foram realizadas no próprio hospital, em sala privada, em dia e horário previamente acertados. Uma única foi realizada em outro local de trabalho, o do colega do médico por questões de facilidade de horário. O tempo pensado para a entrevista foi de uma hora, mas algumas delas ultrapassaram esse tempo. Todas as entrevistas foram gravadas e depois transcritas. Anotações pessoais só foram realizadas após a entrevista se encerrar. A cada entrevistado, pedi que contasse resumidamente sua história profissional. Depois, expliquei a cada um deles que estava estudando o lazer dos médicos dentro de um universo maior de humanização da medicina e que gostaria que ele falasse a respeito da sua própria disponibilidade de tempo livre e lazer. Outras perguntas foram feitas na medida do necessário, todas elas relacionadas de uma forma ou outra com o tema.

77

Cuidados éticos

Para garantir sigilo e privacidade para os entrevistados deste trabalho, todas as entrevistas foram realizadas em lugares resguardados e contando apenas com a presença do médico e do entrevistador. O total sigilo das entrevistas foi garantido ao entrevistado em material escrito e assinado. Da mesma forma, o hospital concedeu autorização, por escrito, para utilização dos dados para efeito da realização desta pesquisa, com a finalidade de dar origem a uma tese de doutorado, dentro de parâmetros éticos estabelecidos tanto pela Comissão de Ética em Pesquisa da PUC-SP quanto pelo Conselho Regional de Medicina do Estado de São Paulo. Foi também assegurado ao entrevistado o direito inequívoco de acesso a todo e qualquer dado de sua própria entrevista e direito a veto a qualquer parte dela. Houve também o comprometimento de fornecer uma devolutiva da entrevista em momento oportuno, após o término da coleta de dados e da conclusão do trabalho, caso houvesse interesse por parte do entrevistado. Não serão mencionados os nomes verdadeiros dos entrevistados no decorrer deste trabalho, tomando-se o máximo de cuidado para evitar toda e qualquer possibilidade de identificação. O nome do hospital também não será declarado, a não ser que haja alguma manifestação posterior de interesse.

Capítulo 5

Análise

Para facilitar a análise das entrevistas, procedemos da seguinte forma: inicialmente, cada uma delas foi cuidadosamente lida e relida com a intenção de podermos compreender o sentido geral de cada uma e os pontos em comum do conjunto. Feito isso, desmembrei cada entrevista de forma a selecionar, de um lado, todo conteúdo referente ao lazer e suas implicações na vida de cada um dos entrevistados, e, de outro, todo conteúdo referente à visão crítica que cada um dos médicos tinha a respeito da sua profissão e do seu ser médico em um hospital público pediátrico. Deve-se salientar que, apesar de não ter direcionado em nenhum momento as entrevistas para esse último lado, praticamente todos os médicos fizeram uma série de considerações a respeito do assunto. Fiquei tão surpreso com as falas dos entrevistados a respeito do exercício da profissão que resolvi reunir todas essas reflexões, independentemente de quem fosse o autor, e com esse material iniciei essa análise das entrevistas. A vantagem que isso me trouxe foi a de poder, inicialmente, apresentar um panorama privilegiado do "ser--no-mundo" desses profissionais, o que facilitou, e muito, a minha compreensão posterior do lazer desses médicos. A apresentação comentada dessas frases se constitui na primeira parte da análise das entrevistas. Em seguida, numa segunda parte, organizei as falas de cada um dos médicos no que se refere ao fenômeno lazer e todas as implicações e conexões a elas pertinentes para *a posteriori* comentá--las dentro de uma compreensão heideggeriana de mundo, do "ser-aí-no-mundo", já anteriormente descrita. Por fim, numa terceira parte, passei a apresentar dados obtidos pela pesquisa quantitativa, comparando-os aos da pesquisa qualitativa.

Análise quantitativa: o tempo dos médicos

Como dito no Capítulo 4, os médicos puderam responder a um questionário contendo explicação sobre a sua finalidade – avaliar quantitativamente o número de horas que os médicos entrevistados disponibilizam semanalmente para trabalhar, para descansar e para atividades de lazer – mediante a demanda de que pensassem em uma semana típica da sua vida e em uma semana atípica, respondendo as mesmas perguntas sobre: número de horas gastas habitualmente por semana com o trabalho, com a família, com o dormir, com os cuidados pessoais e com o lazer ligado ao prazer pessoal.

Foram respondidos 37 questionários, o que significa que somente em torno de 15% dos médicos do hospital responderam ao questionário.

Analisemos inicialmente as respostas dadas à questão do número de horas dedicadas ao lazer e a outras atividades, numa semana típica, representadas na Tabela 1.

TABELA 1

Número de horas indicadas pelos médicos como gastas habitualmente em uma semana típica com o trabalho, a família, o dormir, os cuidados pessoais e o lazer.

Nº	TRABALHO	FAMÍLIA	DORMIR	PESSOAL	LAZER
1	100	48	35	24	20
2	42	40	42	20	24
3	80	40	48	8	4
4	40	48	35	9	4
5	70	10	26	7	7
6	50	21	50	10	10
7	44	36	40	12	24
8	50	21	50	10	10
9	40	48	35	9	4
10	84	36	50	12	36
11	72	10	26	7	7
12	36	40	56	16	20

Nº	TRABALHO	FAMÍLIA	DORMIR	PESSOAL	LAZER
13	72	14	40	12	6
14	80	40	48	8	4
15	45	40	46	22	5
16	36	20	54	20	8
17	84	36	51	12	12
18	44	36	40	12	24
19	45	40	46	22	5
20	67	54	42	7	43
21	144	34	49	0	0
22	52		30		
23	65	48	50	10	20
24	46	42	28	6	0
25	84	25	44	7	25
26	60	24	42		0
27	40	60	56	7	10
28	85	40	40	4	2
29	60	50	40	14	4
30	62	12	50	10	14
31	40	50	53	4	30
32	70	70	42	20	20
33	69	48	48	3	4
34	50		56	1	1

Nº	TRABALHO	FAMÍLIA	DORMIR	PESSOAL	LAZER
35	50	48		5	2
36	68	24	42	5	3
37	90	20	63	16	6

Fonte: Questionários de pesquisa quantitativa.
Obs.: As células em branco correspondem a respostas não dadas pelos médicos.

Com os dados obtidos por meio dos questionários preenchidos, pudemos ter uma ideia da disponibilidade de alguns dos médicos do hospital para com o lazer.

Dos 37 médicos que responderam ao questionário, dez deles (aproximadamente 30%) superestimaram o número de horas contidas em uma semana, porém esses números se aproximaram bastante do verdadeiro número de horas contidas em uma semana.

Com raríssimas exceções, os médicos declararam, como era de se esperar, dispender a maior parte do tempo trabalhando. Quanto às horas disponíveis para o lazer, obtivemos, nos extremos, três médicos afirmando terem zero hora de lazer/semana e um referindo 43 horas de lazer/semana. Entre esses dois extremos, 21 deles declararam ter até dez horas de lazer/semana, seis, entre dez e vinte horas, e sete, mais de vinte horas. Um não respondeu. Portanto, a maioria dos médicos que respondeu ao questionário usufrui de menos de 10% de seu tempo em atividades que consideram de lazer.

Passemos agora à análise dos dados obtidos quando as perguntas se referiam a uma semana atípica. A Tabela 2 representa os dados obtidos.

TABELA 2

Número de horas indicadas pelos médicos como gastas habitualmente em uma semana atípica com o trabalho, a família, o dormir, os cuidados pessoais e o lazer.

Nº	TRABALHO	FAMÍLIA	DORMIR	PESSOAL	LAZER
1	124	24	20	10	0
2	48	40	42	20	18
3	136	16	24	2	0
4	60	4	35	7	0
5	88	0	26	6	0
6	45	12	40	6	2
7	60	12	30	8	12
8	50	12	40	6	2
9	60	4	35	7	10
10	98	12	45	7	30
11	88	0	26	6	0
12	44	40	56	8	20
13	80	10	30	2	0
14	136	16	24	2	0
15	48	30	36	14	2
16	72	0	30	4	0

Nº	TRABALHO	FAMÍLIA	DORMIR	PESSOAL	LAZER
17	98	12	45	7	30
18	60	12	30	8	12
19	48	30	36	14	2
20	75	46	42	7	34
21	144	34	49	0	0
22					
23	80	36	40	10	10
24	78	6	4	0	0
25	104	5	35	3	3
26	60	0	42	0	0
27	60	40	42	5	2
28	116	17	24	0	0
29	94	27	36	11	0
30	106	4	30	10	10
31	60	38	43	1	18
32	100	10	28	10	10
33	81	24	40	34	4
34	62	6	49	0	12
35	62	6		1	0
36	82	8	35	5	0
37	120	15	56	10	2

Fonte: Questionários de pesquisa quantitativa.

Obs.: As células em branco correspondem a respostas não dadas pelos médicos.

Neste caso, os extremos foram de zero hora de lazer/semana a 34 horas. Chama a atenção o fato de que quase a metade dos médicos, ou seja, quinze deles, se fazerem presentes no extremo zero e de dois outros estarem muito próximos do outro extremo. Um não respondeu, doze declararam ter até dez horas lazer/semana, seis consideraram ter entre dez e vinte horas lazer/semana, dois referiram entre vinte e trinta horas e um só, mais de trinta horas lazer/semana.

Uma outra consideração que se pode fazer quanto à análise destes questionários é que quando se trata de uma semana típica o número de horas referidos como dedicados à família é sempre expressivamente maior que o referido para o lazer, de certa forma denotando um compromisso destes médicos com sua família, talvez deixando de lado seus interesses particulares. Da mesma forma, as horas dedicadas ao sono ultrapassam em muito as dedicadas ao lazer. O mesmo não acontece na questão dos afazeres pessoais, já que há certo equilíbrio entre as horas dedicadas a essas atividades e as dedicadas ao lazer. Em onze casos, o número de horas dedicadas ao lazer era maior que o dedicado a atividades pessoais.

Quando se trata de uma semana atípica, quatro entrevistados declaram disponibilizar zero hora para a família e zero hora para o lazer. Entretanto, a maioria declara privilegiar a família e, especialmente, o sono para contrapor os momentos de estresse vividos numa semana atípica.

Esta análise quantitativa serviu-nos especialmente para nos orientar de certa maneira sobre o universo que estamos trabalhando e para motivar os médicos a participarem da pesquisa qualitativa.

Não podemos dizer que de forma geral os resultados nos surpreenderam.

Entretanto, chamou a atenção o fato de a média da soma do número de horas dedicadas à família, ao trabalho, ao dormir e ao lazer tenha se aproximado muito do número de horas contidas na semana. Isto se deu tanto quando a questão se referia a uma semana típica quanto a atípica. Também chamou a atenção um número considerável de horas que cada um dos médicos referiu disponibilizar para a família tanto num tipo de semana quanto em outro.

Análise das entrevistas: o mundo do trabalho médico

Inicio esta seção com observações que colhi nas entrevistas que falam exatamente sobre o ser médico com suas dificuldades e percalços pelos quais passam na vida, incólumes ou não, mas mantendo-se como força vital para que a sociedade possa usufruir de um sistema de saúde, como o Sistema Único de Saúde (SUS), criado pelo Constituição cidadã de 1988 no Brasil.

Os depoimentos a seguir constituem excertos das entrevistas[1] realizadas e em muito contribuem para a "tradução" do mundo do médico, de sua "mundaneidade". Abrir este espaço para a fala livre de médicos sobre seu mundo, no início dos resultados da pesquisa, antes mesmo da seleção

....

[1] Excertos de entrevista: trata-se de trechos selecionados das entrevistas pelo pesquisador de acordo com a relação com o contexto/tema destacado para a análise. A sequência e a exata reprodução das falas dos entrevistados não são consideradas na seleção dos excertos.

das falas específicas sobre o tema da pesquisa, considero uma homenagem minha a esses médicos, desconhecidos e invisíveis para muitos, mas, por vezes, heróis do cotidiano, como tantos outros trabalhadores brasileiros.

Os médicos trabalham num ritmo alucinante de trabalho. Eles têm a sua família, eles querem sempre dar o melhor pra sua família, então, eles têm filhos em escola, às vezes filhos na faculdade, e querem dar o melhor para esses filhos, boa alimentação, boa saúde, boa educação, e é por isso que você encontra colegas acumulando cinco, seis empregos, numa loucura total. E não tem quem consiga salvar o médico dessa situação que ele está vivendo a não ser ele mesmo. Só ele próprio pode achar uma solução para não trabalhar dessa maneira tão alucinante.

O ideal era você (no caso, ele próprio) ter um bom emprego, trabalhar seis a oito horas por dia em um só emprego, ser muito bem remunerado, ter tempo para o seu lazer, ter tempo pra si e até para se atualizar.

A nossa profissão exige demais. Exige uma atualização constante, isso é uma loucura! Hoje, graças a Deus, nós temos internet e ali você tem que entrar todo dia, e precisa de tempo para isso. Na nossa profissão, as coisas mudam de maneira muito rápida e você tem que acompanhar as novidades, estar a par das novas descobertas. O colega que não acompanha isso está fadado ao insucesso. Se o colega tem cinco, seis empregos, ele já não faz um curso que deseja, um congresso, porque para tanto vai ter de dispor de dinheiro, os cursos são caros, e muitas vezes vão até ter de largar algum dos empregos para poder fazer isso, e essa opção ele não tem. Basicamente, nesse ritmo alucinante de vários empregos e tocar a vida, no caso, a dificuldade da vida, o colega acaba ficando na internet.

Se um colega sai de um plantão às sete horas da manhã e é obrigado a puxar o dia seguinte até dez da noite, como a maioria faz, ele não vai conseguir ter um bom relacionamento médico-paciente, ele não vai conseguir isso nunca porque ele está cansado, porque ele fica morrendo de medo de errar, ele não quer e não pode errar. A nossa profissão exige que o médico não erre por estar lidando com vida, a cobrança de cada um nesse sentido é muito grande. Errar, o médico pode errar mesmo, todos nós podemos errar, ninguém quer errar, mas acontece e a chance de um erro, nessas situações em que os médicos vivem atualmente, é grande, é muito grande. Daí o paciente vai reclamar que o médico nem olhou na cara dele, que o médico não o examinou, não sorriu, não respondia boa tarde, boa noite. Claro que nada justifica, mas a população não entende que o médico está cansado, mas está ali para atender, que ele tem dedicação ao trabalho, que ele tem um compromisso com o paciente. O paciente precisa entender que vai encontrar no médico competência e compromisso, agora o carinho, aquela dedicação de um médico cansado e estressado pela vida que vem levando, às vezes é difícil. Muitas vezes, até a família não consegue ter isso do médico.

A mídia é totalmente contra o médico. Daí, a população em geral acaba ficando contra o médico. Os pacientes já chegam muitas e muitas vezes aos serviços médicos totalmente aborrecidos. Se há uma espera de meia hora ou se o médico não sorriu, já é confusão na certa.

Na medida em que o colega que se sente cansado e estressado e não consegue ver uma saída, a maioria não tem saída, ele passa ser uma pessoa realmente triste, magoada, totalmente desvalorizada e aí começam as confusões.

Para sair de tudo isso, é preciso contar com a força da união de todos, mas infelizmente a nossa classe não é uma classe unida, não é, cada um olha realmente pro seu umbigo, vai levando a sua vida, o que torna as coisas cada vez mais difíceis.

O plantão médico devia ser de seis horas, exceto o noturno que não tem como ser de seis horas, mas de dia tinha que ser de seis horas. Assim, aos sábados, domingos e feriados haveria um time por seis horas, das sete à uma, outro time da uma às sete, e com isso você melhora muito o tal do relacionamento médico-paciente, que é tão buscado e considerado tão importante pelo próprio médico.

Na realidade, nenhum médico gosta de ser criticado da forma como ele é criticado hoje em dia, mas é o sistema todo que não dá pra mudar.

O médico foi deixando de ter a carteira assinada e nem se deu conta da perda, foi se iludindo, já que, sem registro, os serviços médicos passaram a pagar um pouco a mais. A partir daí, foi o fim do médico. Os médicos deveriam ter lutado para ter emprego registrado em carteira, com um salário melhor, mais digno, para poder ter, no máximo, só dois empregos e, com isso, conseguir manter condignamente suas famílias. Ficar sem carteira assinada e ganhando um pouco a mais é ilusório. Se você ficar doente, se você tiver um acidente, se você quiser tirar umas férias para viajar, você fica completamente desamparado e sem direitos.

A carga de adrenalina que você libera numa sala de emergência de pronto-socorro é uma carga brutal. O ato de você atender a emergência, digam os colegas o que quiserem, faz com que a carga de adrenalina seja muito alta, muito, muito alta. Você não quer errar, tem medo, a cobrança é muito grande, a responsabilidade é também enorme, a carga de adrenalina que você libera é brutal. Chega uma hora em que o colega não aguenta mais. Hoje no hospital, os colegas mais antigos, alguns com mais de 25 anos de trabalho contínuo em sala de emergência, preferem tocar ficha, deixando para os mais jovens a missão de assumir a parada, assumir o caso grave, assumir o choque, a emergência.

A maioria dos médicos, acredito eu, gosta de ajudar, trabalha por prazer e gosto e, apesar disso, até por conta dos problemas do sistema de saúde do Brasil, ele é muito cobrado e massacrado, já que todo mundo acaba achando que a culpa da falha é sempre dele, do médico. Mas não é, não, na realidade, não é, é do sistema.

Todos acham que o médico não está interessado em receber dinheiro e que ele não deveria trabalhar pelo dinheiro, mas, infelizmente, ele é um ser humano e precisa do dinheiro. Nós vivemos dependentes, infelizmente, do dinheiro. Quando, lá na frente, você estiver com alguma estabilidade, aí dá para você fazer atendimento gratuito. Conheço vários colegas que fazem isso. Eu mesmo já fiz, dá pra você fazer essa parte, é uma coisa que também te dá muita gratificação e muito prazer, você está ajudando. Mas medicina é uma profissão como outra qualquer que tem que ser remunerada, que tem que ser, ou melhor, deveria ser muito bem remunerada, para que o médico pudesse trabalhar menos e melhor.

Há uma série de mitos a respeito do médico. As pessoas acham que os médicos têm que estar daqui pra lá, de lá pra cá, as pessoas acham que se o médico corre o tempo todo e não tem tempo para nada, então o médico é bom.

Infelizmente, muita gente considera que basta o indivíduo ser médico para ganhar bem. Outro dia, eu fui ao RH e comentei que estava com muita dívida para pagar e aí ouvi o seguinte comentário: "mas doutora, se a senhora que é médica está reclamando, imagina nós?" Mal sabe ela que os salários não são assim tão diferentes. Pelo menos não no público, quem não tem cargo, não tem salário mais alto, não.

É proibido o médico tirar férias. Se o paciente souber que você está de férias ele vai te achar pelo telefone, nem que seja na casa do vizinho da praia: meu filho está aqui passando mal e o senhor está aí na praia. E o juramento que a senhora fez?

Para escapar do paciente, a gente tem de sair de fininho, dar um jeito de sair de fininho, ir pra algum congresso, fazer um trabalho, inventar uma emergência.

Médico não almoça nem vai ao banheiro. Se você falar isso ali na porta do pronto-socorro: "olha, agora seu filho vai passar com outro médico, porque eu vou almoçar", isso vai virar uma queixa.

Ao banheiro, você também não pode ir. Os pacientes acham que você não tem necessidades fisiológicas.

Uma vez, num plantão, eu era residente ainda, residente dois, só tinha um de plantão, eu consegui ficar 24 horas com um copo de 200 ml de água, porque foi o que deu tempo.

A gente se anula, você está envolvido com a situação e esquece realmente de você.

Várias vezes já trabalhei doente, muitas vezes não dá pra faltar, tem que ir. No plantão, o número de médicos já é mais reduzido e se você faltar sobrecarrega os colegas. Tem a fila de espera, tudo isso vai aumentar.

E a gente vai trabalhando, vai melhorando, e aí fica o dia inteiro lá, você não consegue mais sair mesmo e acaba trabalhando doente.

Já vi colegas trabalhando doente. Outro dia, uma colega veio trabalhar com artrite reumatoide, a filha carregando a mala pra ela, articulações inchadas, tomando três remédios. "O que você veio fazer no plantão?", perguntei. "Não, vai dar, tranquilo", respondeu ela. Eu falei: "Como é que você vai levantar e sentar, levantar e sentar a noite inteira, a noite ainda?". "Não, eu vou dar um jeito, imagina deixar o outro colega sozinho!", disse ela. Eles estavam em dois, geralmente ficam em quatro. Eu falei "Meu Deus!", e fechei meus olhos. "Não sei o que eu vou encontrar amanhã cedo".

Os colegas que têm filhos revezam os dias de plantão para poder ficar com os filhos.

A qualquer hora, alguém pode te ligar, entrar na sua vida, com alguma questão do seu filho, ou seja, pacientes entram na vida de um pediatra que se propõe a fazer consultório.

A gente aprende a ter flexibilidade, a gente aprende a lidar com isso. Tocou o telefone, a gente resolve o problema e a vida continua.

Eu acho que o médico está muito pouco valorizado. Extremamente pouco valorizado. Acho que a gente tem uma parcela de culpa nisso, porque a classe tinha que se unir mais e trabalhar com outros convênios, e exigir o que deve ser exigido.

Não que eu ache que tem que continuar aquela impressão de que o médico é semideus, o dono da verdade.

Sou a favor do paciente trocar com você, sou a favor de procurar informação na internet, até porque ele vai ter que tirar dúvida porque tem muita bobagem na internet, sou superaberta. Mas acho que falta muito respeito. A nossa classe médica deixou de ser valorizada.

Análise das entrevistas: os sentidos de lazer

Entrevista 1: Em busca do tempo perdido

Excertos da entrevista
Apresentação

Eu, no começo da carreira, tinha sete empregos registrados na carteira... Sou médica pediatra formada há 20 anos. Me especializei em pneumologia pediátrica.

Hoje, tenho só dois vínculos neste hospital, um deles no pronto-socorro. Não faço mais plantões noturnos...

História de vida

Eu venho de uma família que não tinha, assim, muitas condições financeiras, então, eu estudei com muita dificuldade. Na época, tinha um crédito educativo do governo, que pagava a sua faculdade... E depois que me formei, por oito anos paguei (de volta) pro governo... Com juros baixos. É uma coisa que me ajudou muito, sem aquilo eu não teria conseguido me formar, teria que ter desistido.

Antes de entrar na faculdade, eu já tinha meus empregos e eles sempre foram voltados para crianças. Eu trabalhei em escolinha, com berçário, cuidava das crianças, dava comidinha, trocava fraldas, essas coisas.

Após a residência, caí no mundo, tinha que pagar as dívidas.

Ao acabar meu terceiro ano de residência, num hospital-escola, fui convidada pra ficar lá e tentar, quem sabe um dia, ficar como assistente e tal. Mas aí eu optei por cair na vida, porque realmente eu precisava, eu precisava ajudar a minha família, eu queria construir a minha família, enfim, aí é que começou, naquela época, aquela loucura. O primeiro emprego, o segundo, o terceiro, quando você vê, já está com cinco empregos, um monte de plantões, sem vida própria, só trabalhando pra pagar dívida.

Não há arrependimento desta fase que agora acabou, mas eu acho que tudo vale a pena, é uma fase que vale a pena.

Hoje eu já não penso assim, hoje já adquiri um bem, uma casa própria, que eu acho que é o maior bem que uma pessoa pode ter, então, já tendo adquirido isso, eu penso de uma forma diferente.

Hoje eu vivo com o que eu ganho, se eu ganho aquilo, eu tenho aquele limite e tento não mais entrar em dívidas, em querer adquirir algumas coisas, porque se não for assim, você nunca vai sair dessa vida, apesar de que ainda falta um pouquinho para acabar de pagar meu apartamento, mas já dei uma boa reduzida.

Vida profissional – o antes e o hoje

Antes tinha de pegar um plantão às 19h, mas só podia sair às 19h de um outro. E (ainda) tinha de enfrentar trânsito!

Normalmente, você não consegue um hospital próximo do outro e aí você já se estressa, porque num você tinha de sair mais cedo e no outro acabava tendo de atrasar. Aí tinha de combinar com o colega que ia passar o plantão para esperar.

95

Era uma loucura, uma loucura. Então, não dava pra viver assim.

Eu saía de um plantão noturno simplesmente detonada, acabada, o dia seguinte pra mim era um dia perdido, eu não produzia nada, eu me sentia muito mal o dia inteiro, a cabeça zonza, eu não consigo.

O que eu não gostava realmente era plantão, ficar doze horas tocando ficha em pronto-socorro é muito desgastante.

Hoje o meu dia acaba às cinco da tarde.

Já me matriculei numa hidroginástica, estou caminhando três vezes por semana e estou adorando, amando, caminhar.

O único defeitinho que ainda tenho é que eu fumo, eu fumava trinta cigarros por dia, mesmo com esse estresse todo, e hoje estou fumando nove cigarros por dia e a minha meta é, com o tempo, conseguir ficar livre desse bendito cigarro.

Hoje, eu não estou fazendo mais plantão. Uma vez ou outra, se tem algum buraco na escala, que a supervisora do pronto-socorro não conseguiu nenhum colega pra fazer plantão extra, em situações de férias ou licença, então eu acabo fazendo o plantão, mas de preferência de dia.

Se necessário, troco plantão com quem vai dar a noite a aí eu faço de dia. Não trabalho mais nos fins de semana.

Eu não paro, nesse tempo que estou dentro do hospital, eu não paro. Chama no ambulatório, chama na UTI, chama no quinto andar, chama no quarto andar, teve um problema no pronto-socorro e precisa transferir uma criança, enfim, você não para, aqui não dá pra parar.

Aos sábados e domingos, sempre toca o celular falando de algum probleminha que está havendo no hospital.

O meu celular também é uma coisa que eu ainda não consegui ficar sem, eu não consigo deixar o meu celular desligado, ele funciona 24 horas por dia, ele está do meu lado, porque eu acho que se você tem um cargo como esse, você tem que assumir, não tem jeito. Muitas vezes, você nem consegue resolver, mas você pode dar apoio pra pessoa que está ali, que está vivendo aquele problema.

Mudança de vida

O que fez cair minha ficha foi, justamente, esse ritmo alucinante. De repente, eu tinha engordado 20 quilos, estava hipertensa, tive um ataque clínico transitório, acordei no meio da madrugada com uma dor de cabeça brutal, sem sentir meu braço esquerdo, duas horas da manhã, estava numa UTI, fazendo uma tomografia, depois uma ressonância. Quando eu entrei no tunelzinho, eu falei assim: "eu tenho que mudar", e eu estou tentando ir agora nesse caminho.

Manter só os dois empregos e não ter mais aquela loucura de plantão, segunda à noite, quarta à noite, sexta à noite, sábado dia, domingo noite, eu estou tentando não fazer mais isso. Se a vida exigir alguma coisa, como no caso de uma doença, que você tenha que ter esse dinheiro, você volta, mas eu pretendo tentar ficar somente nos dois empregos realmente.

Eu saí desse esquema, graças a Deus.

Eu tive a oportunidade, com o apoio do meu companheiro, de sair desse ritmo alucinante. Mas já o meu marido ainda mantém um pouquinho esse ritmo alucinante...

Agora, em vez de sábado dar plantão de 24 horas e domingo ficar detonada na cama, comendo e dormindo, eu tento ir para um parque, eu vou a um *shopping*, eu tento ir num cinema, vou comer uma comidinha diferente em algum restaurante, que seja *light* e sem sal, mas dá pra ser feliz, mesmo sem colesterol e sem sal, tem muita coisa na vida pra se aproveitar.

Há quatro meses eu tento sempre, à uma hora da tarde, parar meia hora, quarenta minutos pra comer uma alimentação saudável, sem estresse e não comer rápido, comer devagar. Mas antes não, antes eu comia café da manhã em casa, era um copo de leite só, quando dava dez horas, era pão de queijo, salgadinho, coxinha, empadinha. Depois, ao meio-dia, você almoçava, só tranqueira também, o dia inteiro só comendo besteiras. O meu o colesterol foi pra 310. Afinal, em plantão à noite só se come pizza...

Por causa da profissão, você acaba se afastando de pessoas queridas, pessoas que você quer bem e, por conta deste ritmo, você se afasta dessas pessoas e da família. Hoje num domingo, pra mim, é gostoso almoçar na casa da minha sogra, ou no domingo é gostoso almoçar na casa da minha mãe, da irmã, sabe, são coisas que você se afasta, e quando você percebe, você fala: "Nossa, o que eu estava fazendo? As pessoas que são tão importantes na minha vida, eu estava tão distante". Então, você se encontrava tão longe dessa convivência familiar, fechada muitas vezes naquele seu mundinho...

Você trabalha, trabalha, trabalha, trabalha, dá um alô por telefone e acabou, e não é assim.

Às vezes, você encontra a família e fala "nossa, minha sobrinha já está uma mulher, meu sobrinho já está um homem", entendeu? E, às vezes, você se lembra deles, ainda quando você estava deixando no portão da escola pra ir estudar. Então, quando você vê, fala assim: "Nossa, o tempo passou, passou muito rápido, e eu fiquei muito fechada no meu mundo, naquela preocupação do ser, ser um bom médico, de tentar fazer o melhor, de ter aqueles vários empregos para poder sustentar minha família, adquirir os bens que eu desejava, e aí você esquece de outras coisas que são fundamentais na vida de qualquer pessoa".

Lazer no presente, no futuro

Lazer é caro, não dá para a gente fazer tudo que quer, ainda mais quando a gente diminui o número de plantões e empregos.

Como eu tive esse problema não faz muito tempo, então, eu ainda estou aproveitando São Paulo, caminhando num parque, passeando num *shopping* e fazendo visitas a familiares, coisa que há muitos anos eu não fazia.

Neste momento, acredito que o que tenho de lazer seja o suficiente. Talvez, como eu te falei, lá na frente, eu queira mudar, nesse sentido, viajar mais, poder conciliar as minhas férias com as do meu marido, poder tirar pelo menos quinze dias no começo do ano e mais quinze no final, acho que isso é uma das metas também.

Viajar é uma coisa que eu falo muito, acho que a melhor coisa pra um ser humano é viajar, conhecer outras culturas, conhecer outros países, ou que sejam outros estados, ou até outras cidades, isso é muito bom. Isso é uma coisa que eu quero muito.

O meu lazer tem sido, aos sábados, fazer a minha unha, conversar aqueles papos furados na cabeleireira, ficar vendo aquelas revistas femininas no cabeleireiro, sabe? É muito bom, isso é muito gostoso.

Quanto à televisão, eu, atualmente, não suporto mais assistir ao jornal. Novela eu nunca gostei, nunca assisti, nunca quis perder tempo, ficar naquela coisa, nunca gostei. Só gosto de ver filmes em DVD na televisão. Isso eu gosto muito.

Entro todo dia à noite um pouco na internet, vejo alguma coisa, também não se pode ficar fora do mundo.

Caminho no final da tarde. De manhã eu fico imprestável, mesmo porque eu tenho que começar a trabalhar às sete da manhã, então, não dá pra acordar às cinco da manhã pra ir caminhar, eu não aguento. Eu prefiro no final da tarde.

Vou sozinha, ponho meu tênis e vou andando. Comecei com trinta minutos, quarenta minutos e agora estou com uma hora.

Ainda não conseguimos tirar férias juntos (eu e meu marido), porque é aquela história, você tem muitos empregos que se você trabalha você ganha e se você não trabalha, você não ganha.

Em 2010 acaba a nossa dívida no apartamento, aí eu quero partir justamente pra isso, pegar um sábado e ir para uma praia, no outro final de semana passar um dia numa cidadezinha no interior. A família da minha mãe é todinha do interior. Há quantos anos eu não vou pra minha cidade! Eu não faço nem ideia, já deve estar uma metrópole.

Quero partir para coisas que me desestressem e me deem prazer.

Prazer no trabalho, na vida

Hoje, o que me dá prazer é poder estar mais próxima da família, é poder me dar um tempo, é poder cuidar de mim, isto está me dando muito prazer.

Em um mês eu já perdi cinco quilos, é um negócio que eu passei a gostar, que foi caminhar, imagina que eu iria colocar um tênis e ir caminhar, não ia mesmo, eu falava: "não, eu não tenho tempo, pelo amor de Deus, estou indo".

Poder ajudar os médicos de plantão nos finais de semana atendendo o celular me dá prazer.

E trabalhar com crianças e *para* essas crianças, principalmente, nesse hospital, poder tentar deixar essa estrutura bem montada, pra essas crianças poderem receber tudo o que elas precisam, porque se elas não tiverem aqui, elas não têm aonde ir na rede, é muito gratificante.

Ser pediatra é uma coisa que também dá muito prazer.

No ambulatório que estou fazendo, eu sinto muita resolutividade, consigo resolver problema de vaga para uma mãe angustiada que não estava conseguindo há mais de um ano tal vaga, sossego a mãe, isso de a pessoa se sentir bem e você tirar aquele sofrimento dela é muito gratificante.

E uma coisa que eu sempre gostei muito foi de pronto--socorro, mas é aí que fiquei hipertensa. Eu sempre fui mais triadora de porta de pronto-socorro, sempre gostei mais de atuar na emergência, de parada, na criança que está sofrendo, que é super dispneica, que está com dor, isso sempre foi o meu perfil, sempre gostei. É aquela criança que chegou sofrendo e, passa um tempo, ela está estável, não está mais sofrendo, tem sempre um certo grau de sofrimento, mas não como chegou, não está com a dor, não está com falta de ar, está estável, isso é muito gratificante.

No pronto-socorro, muitas vezes, realizava algum ato terapêutico que estabilizava o paciente e quando via que estava tudo bem, eu chegava a ir pro quarto e passar mal mesmo, me dava mal-estar de tanta adrenalina, ou a pressão subia, sei lá. Mesmo assim, é gratificante, é gratificante, eu adorava isso.

Ir à locadora pegar um filme, passar aquele período escolhendo o filme, a locadora é perto da minha casa, tomar aquele cafezinho, comer uma bolachinha, escolher no meio daquela montanha de filmes qual levar, eu curto bastante, me faz bem, me dá muito prazer. Escolher o filme que eu vou assistir, eu acho que isso é uma coisa que me dá prazer.

Paro quarenta minutos que é para o almoço. Eu vou sempre a um barzinho de fora e ali eu peço minha saladinha, um grelhadinho ou compro uma fruta e ali eu consigo relaxar, apesar de que sempre passa um, passa outro e senta, mas aí tentamos conversar coisas que não são do hospital. A gente chega a dar umas boas risadas, tem muitos colegas engraçados, é muito gostoso.

Sábado de manhã eu levanto um pouco mais tarde, quando são umas dez horas, eu tomo um banho, vou sempre para a cabeleireira fazer minha mão, meu pé, depois passo numa locadora ou supermercado para comprar comida para a noite. Penso no que eu vou fazer à noite de gostoso.

O mais relaxante mesmo pra mim é uma boa atividade sexual. Eu acho que isso é fundamental pra você estar de bem com a vida, pra você estar de bem com o mundo, eu acho que isso é fundamental. Embora, com essa vida louca, com isso tudo, com o estresse, às vezes, há uma certa dificuldade, mas eu acho que ainda assim é fundamental, o que mais dá prazer é isso. Você tem que ter uma boa atividade sexual, senão, você não vai ser ninguém.

Eu curto também ir ao supermercado, ficar olhando as prateleiras, olhando, olhando, procurando coisas que não tenha colesterol, que tenha pouco sal, que seja *light*, que seja *diet*, isso é gostoso, tentar elaborar um prato diferente pra comer, eu curto bastante isso.

À noite (no sábado), ou a gente fica em casa e curte a casa e um filme, ou sai com os amigos pra ir a um barzinho, tomar um chopinho, trocar uma ideia, isso também é uma coisa que me dá muito prazer, estar com amigos.

No domingo à noite eu gosto de estar na minha casa, de dia gosto de ir almoçar na casa de algum parente, ou mesmo fazer o almoço.

Eu curto cozinhar, fazer o almoço de domingo. Daí, meu marido vai junto pra cozinha. A gente curte abrir um bom vinho, elaborar uma receitinha da internet, "ah, vamos fazer isso? Vamos!", isso é muito gostoso.

Domingo a gente sai pouco, é mais família ou é um parque, eu gosto muito de ir naquele parque Villa Lobos de manhã para caminhar um pouquinho, é muito gostoso, tem aquele parque do Morumbi que é bom também, ou na própria cidade universitária, ou o parque Ibirapuera, cada vez a gente vai num lugar diferente. Às vezes a gente vai para Embu das Artes, eu adoro ficar lá xeretando, vendo as coisinhas, eu gosto bastante, um monte de tranqueiras, né? Mas eu curto, eu curto demais, eu gosto de ficar xeretando lá. Você vai e compra um negocinho diferente para a casa, eu acho que isso também dá muito prazer, é muito gostoso.

Não tenho ninguém que me ajude em casa, eu que cuido da minha casa, lavo, passo, cozinho, limpo, é tudo comigo. Isso me dá prazer, eu gosto muito de cuidar do que é meu, ter aquele capricho, cuido daquilo com muito carinho.

Análise da entrevista

Essa foi a primeira das entrevistas realizadas. Diante de mim, uma médica com vinte anos de profissão, experiente e determinada, sem dificuldades de expor suas ideias. Sua história de vida pode ser sintetizada da seguinte maneira: descende de uma família com recursos financeiros limitados, estudou com ajuda de um crédito educativo, por dois anos fez residência nesse hospital onde transcorre a entrevista e depois mais dois na Santa Casa de São Paulo, desta vez, uma subespecialidade. Ao término desses anos todos de especialização, recebeu convite para permanecer na Santa Casa, mas, sem respaldo financeiro, em suas próprias palavras, teve de "cair na vida". E isso significava ter muitos empregos para ganhar o suficiente até para ajudar a família. Chegou a ter sete empregos, mas como vinha trabalhando desde os tempos de faculdade, não estranhou o ritmo.

No entanto, um dia adoeceu, ficou hipertensa, passou mal, foi internada e, quando estava dentro de um aparelho de ressonância magnética, deu-se conta de que precisava mudar. Viu-se estressada, procurando uma saída para a situação. Deu-se conta de sua temporalidade, de sua finitude, de seu medo da morte, da sua angústia existencial, de uma falta de sentido para a vida. Tinha de cuidar de si, passar do impróprio para o próprio, do simples "a gente" para o "eu".

Cuidar de si, prestar atenção em si, no seu corpo. Heidegger, citado por Michelazzo (2001), diante da perplexidade do destino da nossa época, diz que podemos tomar três atitudes: resignarmo-nos, revoltarmo-nos ou pensar. Só a terceira pode trazer transformações, já que é a única capaz de verdadeiramente entrar em diálogo com o que o destino nos remete. A entrevistada optou por pensar. Sobre uma fase de "loucura" que "valeu a pena", mas tinha de ser reciclada. Afinal, a casa que tanto desejava já estava praticamente quitada.

Ela sai do estresse diminuindo o ritmo de trabalho, abandonando os plantões. Visto sob a ótica heidegggeriana, no estresse há um "chamado" para si mesmo, um chamado para seu próprio existir. De novo, a saída é o repensar.

Ela consegue sair "desse esquema" com apoio do marido. Ela passa a existir. Ela se apercebe da passagem do tempo, se dá conta da sua finitude, e que se fechou no seu mundo numa expectativa e preocupação de ser boa médica.

A partir daí, passa a ter tempo para o lazer.

O tempo para o lazer lhe era tomado. Não lhe sobrava tempo para algo que agora sobra. O tempo estava simplesmente privado e ressurgiu por conta de um estresse bem conduzido.

Em vez de dar plantão no sábado e domingo, "ficar detonada na cama, comendo e dormindo", ela agora vai para um parque, vai a um *shopping*, a um cinema ou vai experimentar uma comida diferente em algum restaurante.

Passa a parar uns quarenta minutos para o almoço, vai a um barzinho de fora do hospital, come uma saladinha, compra fruta, encontra colegas, relaxa, dá boas risadas e volta a trabalhar. Agora tem tempo, o tempo se "des-ocultou".

Se hoje o lazer parece suficiente, ele pode deixar de ser no futuro. Agora surgem planos de mudança: viajar, poder conciliar férias com o marido, tirar quinze dias de férias no começo do ano e mais quinze dias no final.

Porém, com seu espírito crítico, apercebe-se que o lazer é caro, não dá para fazer tudo que a gente quer, concordando com Padilha (2006), que se pergunta se será possível um tempo livre cheio de sentido numa sociedade fundada na busca do lucro privado em detrimento da "real" satisfação das necessidades humanas.

Entretanto, se o lazer é caro, não são as coisas caras que são referidas como prazerosas para a entrevistada. Ela passa a ter prazer em ir ao cabeleireiro e poder lá relaxar vendo revistas femininas, em estar mais próxima da família, em poder se dar um tempo, em poder cuidar de si e mesmo ajudar os médicos de plantão nos finais de semana atendendo o celular, em cozinhar, tomando junto com o marido um vinho e experimentando novas receitas, em ir ao parque caminhar ou mesmo ir para Embu das Artes para ficar "xeretando as coisas".

E, o fundamental: "o mais relaxante mesmo para mim é uma boa atividade sexual... isso é fundamental".

Concluo com uma frase de Almeida Prado (2003) sobre o estresse:

[...] combater o estresse com uma nova 'programação' de vida sem que o sentido da entrega ao mundo possa ser explicado ocasionará apenas mudanças transitórias ou novas fontes de estresse e frustração. Abandonar um determinado modo de ser, muitas vezes, é tarefa demorada e penosa (p. 82).

Essa entrevista foi realizada de uma maneira absolutamente tranquila, com uma médica com aparência também muito tranquila, humor sutil, uma médica aparentemente de bem com a vida.

ENTREVISTA 2: DESCANSAR, TRABALHANDO...

Excertos da entrevista
Apresentação

Fiz dois anos de residência e depois mais dois anos de especialização. Nessa época, já estava atuando no campo médico. Queria evitar fazer plantões.

Acabei deixando um pouco a especialização em alergia, fiquei mais me direcionando a esta parte de emergência, que eu gosto mais de fazer, e foram aparecendo os plantões. A gente prestou concurso aqui, agora tenho três empregos, dois aqui e um lá.

O trabalho, no trabalho

Fico à disposição dos colegas, 24 horas por dia, celular sempre ligado, se alguém tem algum problema é a mim que eles vêm falar primeiro.

Sou plantonista deste hospital. Uma vez por semana, faço plantão das sete da manhã às sete da noite.

Uma vez por mês, faço um plantão de fim de semana de doze horas. Nos meses com cinco finais de semana, a gente se reveza.

Trabalho em outra unidade, como plantonista, também no pronto-socorro e também uma vez por semana, das sete da manhã às sete da noite.

Lá também existe um rodízio de final de semana.

Às vezes, não dá mesmo tempo de ir ao banheiro ou almoçar.

Dou plantão duas vezes por semana e uma média de dois plantões de 24 horas por mês nos fins de semana É uma média que eu considero muito baixa para a área de pediatria. Os meus colegas, que eu vejo, trabalham todos os fins de semana. Quando não trabalham doze horas, fazem 24 horas a cada quinze dias, dão plantão quase todos os dias, às vezes fazem plantão noturno. Têm uma carga, no mínimo, o dobro maior que a que eu faço.

Trabalho próximo de quarenta horas por semana.

Fico quatro horas no trânsito.

No dia do plantão, então, você acorda cedíssimo e vem para o plantão, acorda umas 5h15 para estar aqui às sete da manhã, e, teoricamente, deveria sair às sete da noite, mas até você passar o plantão e tudo, vai até umas 7h30.

Às vezes, não dá tempo para almoçar. Nos dias de plantão, a gente procura dividir o horário e ter uma hora de almoço.

O trabalho, fora do trabalho

O meu marido também é médico, então, a conversa em casa é sobre medicina. Às vezes, tem um caso difícil e ele quer, vamos dizer assim, desabafar um pouco, ele desabafa de lá, eu desabafo daqui, trocamos ideias. Então, a conversa e o pensamento geralmente são voltados pra isso também, não só, mas grande parte.

Como a medicina é uma coisa que a gente gosta muito de fazer, você fica até com vontade de voltar, para exercer de novo a profissão.

Me atualizo aqui no hospital através de atividades daqui, geralmente vinculadas ao horário de trabalho.

A atualização é em casa mesmo, ou pela internet, ou por livros ou por revistas científicas.

A gente tenta fazer um congresso por ano, não é todo ano que dá, porque você tem que se ausentar num período de uma semana.

Eu trago material para ler no trabalho. Em algum momento de folga, a gente olha os artigos. E não são todos os artigos que, obviamente, a gente vai ler a fundo, a gente pega, geralmente, artigo de revisão, que os outros são muito específicos, né? Eu procuro me deter aí, mais com os artigos de revisão e ir me atualizando nos assuntos. E a própria equipe, ela me puxa muito hoje, porque a gente está dentro de um hospital de especialidades, então, especialista sempre traz novidades e a gente acaba tendo que acompanhar. Os colegas contribuem bastante.

Me sinto atualizada. A gente tenta, a gente testa isso, bem assim. No fim de semana, quando você está ali e você não tem a companhia dos especialistas ou de outros colegas, e você tem que resolver ali o plantão, a gente, graças a Deus, consegue resolver 90% das encrencas.

Eu posso dizer que os amigos são, na maioria, médicos, porque a gente passa grande parte da nossa vida no meio médico.

A gente acaba até casando com médico. Vai à festa da medicina, aquelas coisas.

A gente vivencia a medicina, o que significa o tempo todo na sua área de trabalho, você está em casa, às vezes vai almoçar e fica pensando, tem um caso mais difícil, você vai estudar em casa, vai procurar rever alguma matéria, então o horário do dia é bem preenchido com a área médica, aqui e fora.

A medicina ocupa grande parte da minha vida. E quando você está descansando, alguém vem e faz uma perguntinha e aí já abre mais um espaço, né? E a coisa acaba sendo natural, é natural, acho que o médico está sempre falando alguma coisa de medicina.

O autocuidado

É difícil ter tempo de ir ao médico. Se você fizer tudo que se deve, eu acho que você gastaria uma semana. O cardiologista pede uns dez exames laboratoriais, ainda tem aquela parte de ginecologia, que já é mais uma penca de exame, você tem que ir até o laboratório, depois voltar no médico. Então, realmente, você precisa de uma semana para fazer um *check-up*. Ou você faz nas férias ou fica tudo picadinho por aí.

Me cuido 50% do que eu devo, faço o que eu posso, eu não faço tudo. Eu faço metade num ano, metade no outro ano, coisas que deveriam ser feitas no momento, a gente divide em dois anos em média.

Detesto ficar doente, eu acho que realmente limita, limita a gente.

Reflexões sobre mudanças de vida

Uma hora eu tive que pesar: ou eu ia ganhar dinheiro o tanto que se ganha, trabalhando todo dia, doze horas, ou ia ganhar metade do que ganho, que dá pra você fazer muito menos coisas em termos de conquista material, mas você vai dedicar aquele tempo a você.

Mas aquilo (plantão) acaba com a sua qualidade de vida. Cansa muito, dá insônia. Você tem que sair de fim de semana pra trabalhar, que é o pouco de horário de descanso que a gente tem e, então, sobrecarrega muito. É que tem hora que não tem jeito, a pessoa tem que ir atrás mesmo do financeiro, mas realmente, acho que a gente tem que tentar conduzir e se dedicar mais a essa outra parte (lazer).

Trabalhava numa cooperativa médica. Para tirar férias, você tinha que arranjar um substituto pra deixar, ou você sobrecarrega os seus outros colegas. Você deixa de ganhar no tempo que não trabalha e sobrecarrega os colegas. Só tirei trinta dias de férias porque a gente mudou pra CLT, com direito a férias e aí eu conjuguei, daqui e de lá, e consegui tirar.

Quando eu trabalhava muito e me dedicava muito pouco a mim mesma, a gente quase não se via (a médica e o marido). Eu chegava em casa, e ele estava no plantão noturno, quando ele chegava em casa, eu estava morrendo de sono, ele ficava sozinho assistindo televisão ou eu ficava sozinha. Fim de semana, eu também dava plantão, ou ele estava em casa e eu não estava. Quando a gente não se vê, você acaba sendo um estranho ali, duas pessoas estranhas. Isso é um dos motivos para diminuir o ritmo. Você diminui o ritmo de trabalho por ficar muito distante do marido.

Essa diferença financeira você vai ter que dar um jeito, porque alguém tem que ficar mais presente, ou eu ou ele, então, como sou mais ligada a casa e tudo, fico eu, e ele procura recolher isso de uma outra forma. Senão, sinceramente, eu estou casada há 8 anos, seria já um relacionamento perdido, não tem como.

Se eu não fosse casada e tivesse que sair e arrumar um namorado, iria ser muito difícil. Hoje a gente não vai mais sair pra balada pra conhecer alguém, eu vou ficar na minha casa, não é? Então, as coisas mudam com o tempo, mas seria muito difícil.

A vida conjugal fica mais restrita aos fins de semana.

111

Lazer

Acho que tenho uns 40 minutos de lazer por dia.

Geralmente, fico em casa mesmo, fico lendo ou fazendo trabalhos domésticos, sempre tem uma pendência.

Às vezes, a gente se junta com a família, inclusive com a do meu marido pra fazer um almoço, qualquer coisa assim, em geral nos domingos.

Fico mais em casa mesmo, faço alguma coisa, faço o jantar, cuido da casa, fico por conta dela.

Uso a internet para ver alguma coisa de turismo, uma reportagem.

Os trabalhos de casa também tomam tempo.

No tempo livre eu gosto muito de atividade física, não consigo ficar sem.

Tenho que acordar um pouco mais cedo, sair de casa, tomar café, me alimentar, faço alguma atividade (física) e vou trabalhar.

Às vezes, no período da tarde, quando não deu de manhã, eu faço um pouco de atividade (física), porque terça e quinta tenho o plantão, então, atrapalha um pouco, e a noite a gente sai daqui e já não tem pique mais pra fazer nada.

Esporte, no meu caso a natação, é uma necessidade física que nós temos, mas eu não consigo ficar sem, eu sinto falta se não faço. Primeiro, a gente faz por causa da postura ou porque está ganhando peso e aí, quando você vê, já acostumou tanto que sente falta realmente. Eu costumo nadar antes de vir trabalhar, mesmo com frio, lá dentro é quentinho. Aí nado e venho, mas às vezes eu faço algum outro tipo de atividade, bicicleta, esteira, alguma coisa assim, aeróbica.

Na natação você é obrigada a esquecer de tudo, porque você tem que respirar e prestar atenção no seu movimento, porque você tem um professor ali do seu lado. Eu já me vigiei muito com isso para não pensar em nada.

Se você nada com o pensamento, se você começa a pensar em algum problema profissional ou familiar, que seja, você vai ferrar tudo ali.

E você fica muito focada, muito concentrada no que faz.

No fim de semana, quando a gente pode, a gente descansa, mas o celular fica sempre ligado.

Para mim, descansar é não exercer atividade de médica diretamente.

Fico em casa, com atividades de casa ou alguma atividade de lazer também direcionada pro esporte.

113

Por conta da sobrecarga de horário, não sobra tempo pra outra coisa a não ser a profissão. Você faz a residência e continua nesse ritmo, por uma questão financeira até.

Em casa, a gente janta assistindo televisão. Assim aproveito pra assistir notícias, já que você tem aquele espaço de tempo pra ver os noticiários. Ao contrário de meu marido, não gosto muito de ver filmes na tevê. Eu tenho muito sono. Trabalho muito, televisão pra mim é sonífero, começo a assistir e já durmo. Então, o filme tem que ser muito bom, pra me prender e me interessar, ou eu saio na metade.

Cachorros tenho quatro, é uma confusão! Dois grandes e dois pequeninhos. Saio regularmente com os cachorros, embora eles tenham um espaço em casa.

Me sinto estressada antes das férias.

Viajar, a gente viaja pouco.

Só depois de onze anos de profissão que eu tirei um mês de férias. Foi a primeira vez que tirei férias de todos os lugares. Geralmente, a gente só consegue tirar de um hospital e não consegue tirar de outro. Um mês de férias faz diferença. Quando você chega de férias, você fala: "nossa, como eu estava estressada!". Foi quando retornei que percebi isso, o jeito que você se relaciona com as pessoas, com seus colegas [...]. Existia um estresse antes, a gente, às vezes, não percebe, mas existia.

Geralmente, a gente consegue quinze dias de férias, às vezes, só uma semana.

Nessas férias, viajei uns dez dias e depois fiquei em casa. Consegui esquecer de tudo na viagem.

No início das férias, você está muito ligado ainda no trabalho. Os colegas, às vezes, não sabem que você está de férias e ficam te ligando, mas aos poucos você desliga.

Achei interessante esses trinta dias, porque quinze dias você demora para se despregar do seu trabalho e aí acabou, você tem que voltar. Levei uns dez, quinze dias pra desligar.

Queria mais uns dez dias de férias.

Viajar é gostoso, mas eu não sei, cansa um pouco viajar, sair da sua casa, fazer aquela viagem toda, longa.

A viagem realmente foi a melhor parte das férias. Esse período ficou mais pro fim e como eu já estava mais desligada mesmo, aproveitei bastante.

Meu marido nunca conseguiu tirar mais dez dias de férias, não consegue sair mais do que isso. Ele não pode abandonar o trabalho.

Às vezes, suas férias são o seu próprio congresso médico. Você procura não fazer isso, mas, às vezes, tem que ser nas férias, não dá pra abrir mão disso.

Depois que a gente mudou, esse lugar ficou distante. A gente gosta de ficar por aí, então, é por isso que a gente não sai muito. Até sai, num sábado à noite ou domingo à noite, vai até a cidade fazer alguma coisa. Mas a gente não liga muito pra sair, aqui é muito agradável.

Tenho poucos amigos, meu marido tem mais, este foi sempre seu perfil. Eu tenho os meus amigos e temos muitos amigos em comum também, de profissão, época de faculdade e tudo. Os amigos, na maioria, são médicos que não têm muito tempo pra se reunir, mas às vezes a gente procura se reunir em casa, na casa de um outro, para fazer alguma coisa.

Não sinto falta dos amigos.

Meu marido convive diariamente com os amigos no trabalho.

Prazer, no trabalho e na vida

Fazer medicina... Eu sempre gostei daquela coisa de cuidar, de um ser humano, de um bicho, sei lá, da natureza, sempre gostei de cuidar do outro, assim, e sempre gostei da ciência em si, da parte do organismo, essa parte biológica sempre foi o que me chamou mais a atenção. Gostei de fazer medicina, faria tudo novamente.

Eu estava livre este final de semana por incrível que pareça. Fiquei em casa, li revista, que é o que eu gosto de fazer, mais revista que livro, gosto de coisa mais rápida assim, leio a revista que parece mais dinâmica, tem mais informação, assuntos variados, livro leio também, mas gosto muito de revista.

Gosto muito de mexer com jardinagem. Sempre gostei. Tanto que antes da medicina eu queria fazer biologia. Eu cuido muito dessa parte, em casa, praticamente, eu sou jardineira, meu marido gosta porque ele economiza um pouco.

Meu marido não é ligado em jardim, não é ligado em nada, só na televisão. Ele gosta mesmo de pôr filme, de ver coisas assim. Mas acho que a parte externa da casa, vamos dizer assim, quem curte mais sou eu, ele curte mais a parte interna da casa, tevê e rádio, música, essas coisas.

Você precisa administrar sua casa, cuidar da roupa, cuidar da alimentação, manter o ambiente limpo. Tenho uma funcionária duas vezes por semana. Por um lado é bom, porque antes eu tinha um pouco de resistência de ir pra casa e ter que encontrar a empregada e ela começava com a lista, falta isso, falta aquilo, não sei o que lá. Chego em casa e vou resolver as coisas no meu jeito, no meu tempo, mas sobrecarrega.

Gosto de me envolver com as coisas de casa, acaba sendo um pouco de lazer também, ir ali lavar um quintal, eu acho que faz parte, isso é gostoso, você muda totalmente a sua atividade.

Uma vez eu estava lavando o quintal e passou uma vizinha e falou: "nossa, médica também lava quintal!".

Acaba sendo uma atividade gostosa, só que cansativa fisicamente, é um trabalho manual.

Às vezes você não está a fim, mas o trabalho está lá e você tem que encarar, porque senão vai acumular pra algum outro dia.

Meu marido não tem tempo de ajudar em nada, nem sabe, eu já excluí ele dessa função. Acaba sobrando tudo pra mim mesmo.

Relaxar

Eu considero aquilo (a natação), não só quanto a parte física, é a hora que você para tudo e vai se dedicar só àquilo, você se desliga realmente.

A televisão relaxa. Eu estou acostumada. Às vezes, nem sempre, minha sala de almoço vira sala de televisão.

Eu sempre morei naquela proximidade (fora de São Paulo), minha família, meus pais moram ali e tudo. Lá o espaço é maravilhoso, você tem toda a natureza, não tem poluição, é um lugar bem mais tranquilo, o movimento é quase zero, não tem carro. Para a gente que gosta de descansar, é mais silencioso, é um lugar maravilhoso.

Aqui a gente está no meio da confusão, tem barulho, trânsito, poluição, carros e lá você não escuta nada disso, é só o barulho da natureza mesmo. A não ser que você queira em casa fazer algum barulho, rádio, tevê, mas, caso contrário, não tem.

Lá onde eu moro é um lugar afastado, tem os cachorros, vou cuidar dos cachorros, vou passear. É delicioso porque você vai fazer uma caminhada, você sai e onde eu moro é uma região bem arborizada, então, o passeio super combina e você fica só curtindo mesmo.

Planos futuros

Estou satisfeita com o nível que eu cheguei de carga horária, de salário. Eu não penso em mudar, a não ser que haja um imprevisto e eu tenha que aumentar o retorno financeiro.

Eu deveria diminuir a minha carga horária. Talvez devesse ser mais remunerado.

Deveria fazer mais coisas, estar mais voltada a mais congressos e cursos. Talvez pudesse me ausentar mais pra fazer qualquer outra atividade. Só fazer um congresso por ano que a gente tem direito não é suficiente, tem que fazer alguns cursos, mas a gente acaba não fazendo, porque não tem tempo, mas acho que seria isso.

Análise da entrevista

Essa entrevista foi realizada em uma sala tranquila do hospital. Não foi marcada com antecedência. Fui apresentado à médica por uma colega dela que deveria entrevistar, mas teve um compromisso de última hora e solicitou a sua colega de diretoria que a substituísse momentaneamente. Portanto, a médica entrevistada foi meio "pega de surpresa".

Trata-se de uma médica extremamente delicada, calma e sorridente, muito acessível.

Ela me conta inicialmente que tem uma vida atribulada no hospital por conta de dois vínculos distintos: plantão e supervisão geral do pronto-socorro. Sua função como supervisora é de dar conta de todos os problemas administrativos e mesmo pessoais dessa parte do hospital. Por conta disso, por exemplo, ela deve permanecer com o celular ligado 24 horas por dia, e essa é um das coisas que mais a estressa, especialmente quando está em sua casa relaxando e ligam do hospital. Ela acaba, nesses casos, titubeando para atendê-lo com medo de ser algo como a notícia que alguém furou o plantão e ela precisa substituir esse alguém, mesmo que tenha outros compromissos no mesmo horário. Além disso, ela tem rodízio de plantão no final de semana e tem mais um emprego em outro hospital.

A médica tem um trabalho tão estafante e cheio que, muitas vezes, não tem condição nem de ir ao banheiro ou parar para se alimentar. Aliás, tem sempre receio de que os pacientes se queixem no hospital da demora para serem atendidos. Já chegou a passar um plantão ingerindo somente um copo de água.

Como lazer, ela tem a natação, algo que ela faz com prazer, que lhe é indispensável e a faz relaxar, até porque nadando ela não pensa em mais nada a não ser na respiração e nos movimentos.

Mora a trinta quilômetros de São Paulo. Pega muito trânsito na ida e na volta, gasta cerca de quatro horas no trânsito, mas acha que tem suas vantagens. Sua casa fica numa região silenciosa, agradável, que lhe permite, e ela também se permite, caminhar com os cachorros, fazer jardinagem, cuidar da casa, e tudo isso lhe consome um pouco de tempo, até mesmo lavar a calçada em frente da casa sob o olhar intrigado da vizinha, que se surpreende vendo uma doutora fazendo tal serviço.

Nos finais de semana, fica em casa descansando, praticando algum esporte, sempre com o marido e muitas vezes com a família de ambos os lados.

Tem grande prazer com o exercício da medicina e em especial da pediatria. Voltaria a fazer tudo de novo caso isso fosse necessário.

Em suas próprias palavras, "vivencia" a medicina de tal jeito que está o tempo todo ligada a ela. Até quando está em casa e, muitas vezes, se pega pensando nos casos difíceis ainda não solucionados. Em casa também usa seu tempo livre para estudar. Como o marido também é médico, a conversa dos dois tende sempre para assuntos médicos. Mas não só o marido é médico, os amigos também. Não os vê muito, há dificuldade dos horários coincidirem, mas quando isso acontece, o assunto também acaba sendo medicina.

Quando fala de sua qualidade de vida, conta que num determinado momento da vida resolveu diminuir sua carga de trabalho em seu próprio benefício. Optou por ganhar menos, mas ter mais tempo para si. Nessa época, dava muito plantão, vivia com insônia, muito cansada, insatisfeita com tudo. Praticar esporte tem contribuído para amenizar essa insônia. Mas atualmente ela tem se manifestado com alguma frequência. Tem acordado lá pelas três horas da manhã e tem ficado "fritando".

Calcula hoje trabalhar quarenta horas por semana.

De modo pessimista, calcula ter quarenta minutos por dia de lazer.

Quando chega muito cansada em casa, procura relaxar com a televisão ligada. Aliás, tem o costume de fazer as refeições sempre com ela ligada. Mas a televisão, especialmente filmes na televisão, lhe dá sono. Raramente janta junto com o marido.

Ler revista lhe traz um enorme prazer. Mais do que livro. Adora jardinagem. Gosta muito de receber a família de domingo para o almoço.

Depois de onze anos conseguiu viabilizar umas férias de trinta dias. Inicialmente descansou para, em seguida, viajar por dez dias. Gostou muito, mas se sentiu cansada. Voltou com muita satisfação para a rotina do trabalho. Só conseguiu viajar a partir do momento em que em um dos empregos deixou de ser cooperada para entrar no regime da Consolidação das Leis do Trabalho (CLT) e ter direito a férias sem ter de arrumar alguém para substituí-la no plantão.

Suas férias normalmente são de quinze dias por ano, o que considera insuficiente porque é este o tempo que leva para desligar do dia a dia.

Às vezes, vai a congresso médico e estende a estadia para descansar um pouco.

O marido chega tarde. Trabalha muito também. Sua vida também está atrelada ao celular. Houve uma época em que quase não se viam. Foi a partir daí que resolveu diminuir sua carga de trabalho. Não conseguem tirar férias juntos.

Ela não tem tempo para se cuidar, para ir ao médico. Pressupõe que fazer os exames que os médicos costumam pedir pode lhe custar uma semana correndo de um lado a outro. Não há como ter este tempo.

Seu sonho é ser mais bem remunerada, poder ir a mais congressos.

A entrevista finaliza ainda com ela sorrindo. Gostou de ter falado.

Concluo a análise da entrevista com base em Heidegger, que diz que há simplesmente uma privação do tempo, o tempo não desaparece, o tempo está lá, e o tempo dessa médica é especialmente usado para trabalhar. Até seu autocuidado fica comprometido e mesmo a possível privação da saúde torna-se referenciada pela limitação ao tempo de trabalho. Qualquer "ocupação" para essa médica parece ser uma forma de se anestesiar para manter esse ritmo de trabalho que adoece, dando a satisfação da "missão cumprida". Talvez, para ela, seja melhor ficar na sintonia do trabalho para não ter que fazer o esforço de voltar a essa sintonia, caso saísse dela ou se refletisse sobre o peso do trabalho. Quase como uma carga que ela se impõe a continuar carregando para nem sentir como ficaria mais leve se fosse retirada.

De acordo com Michelazzo (2001), Heidegger ensina que o grandioso em nós é aquilo que necessita ser cultivado no lugar mais escondido de nós mesmos. Para tanto, é necessário

> [...] despertar em nós a noção de medida, de moderação, de equilíbrio, assim como o valor do simples, do pequeno, tal como eles mesmos se mostram em seu ser e em sua verdade. Ao cultivarmos em nós este "pequeno e modesto" que tem verdadeiramente o poder de ser, somos então tomados por uma força transformadora, já que teremos compreendido que a vocação originária do homem não é a de subjugar as coisas, mas fazer com que elas possam se manifestar enquanto tais e não como objetos, cujo valor reside em como podem servir a algum objetivo humano (p. 69).

Isto fica claro nessa médica que tanto se dedica ao trabalho, mas que sente prazer mesmo em coisas mais simples, tais como o lavar a calçada ou passear com os cachorros. Nesta hora, ela se cuida.

ENTREVISTA 3: EM NOME DA CULTURA

Excertos da entrevista
Apresentação

Sou pediatra com especialização em endocrinologia. Estou formada há aproximadamente dez anos. Fiz formação em psicanálise e atuo como professora na Coordenadoria Geral de Especialização, Aperfeiçoamento e Extensão (COGEAE) da PUC.

O trabalho

Eu sempre tive uma carga horária como pediatra muito intensa e muito extensa. Passo todas as manhãs no Instituto da Criança, fico lá toda sexta-feira, trabalho no consultório às tardes, dou plantão aqui uma vez por semana, na noite seguinte eu faço um curso que acaba sendo atividade profissional, nos sábados de manhã, muitas vezes, eu fico dando aula, no fim de semana eu fico com o celular a distância, eu fico atendendo intercorrências.

Quando eu paro pra pensar na divisão do meu trabalho, vejo que realmente, na maior parte do tempo, eu faço uma atividade vinculada ao trabalho.

Prenso os horários, tenho poucas horas de descanso.

Eu misturo as coisas e fico mais cansada.

A gente perde a noção do tanto que a gente trabalha.

"Oba! Vamos tomar uma cerveja?" Daí, "opa, não posso, estou indo pro plantão, estou indo numa boa", daí ela (a amiga) fala "indo pra plantão, final de feriado?"

A gente fica de certa forma muito preso, engessado nessa estrutura de trabalho.

Eu não posso falar "vou parar de trabalhar no fim de semana", mesmo que seja a semana que eu faça "celular a distância" e tenha o prazer de não estar dentro do hospital.

O tempo todo você percebe que está numa velocidade que eu acho que me tira muito a qualidade de vida.

Eu acho que eu vivo um tônus tenso, que me tira muito da minha qualidade de vida, porque o tempo todo meu horário é um em cima do outro.

Eu fico extremamente insatisfeita quando me comparo com pessoas que têm vidas normais, uma vida mais organizada, então fica por aí mesmo, não tem como.

Não existe "o fazer nada". Se o dia tivesse trinta horas, estava bom, porque aí eu ia conseguir me organizar, provavelmente não ia continuar a mesma bagunça, mas eu necessito de mais tempo de fato, por isso que eu acho que tiro esse tempo das noites.

Fico cansada, mas tolero, não é uma coisa que me gera sofrimento, me adapto.

Lazer

Eu não penso com cuidado nessas questões do lazer.

Não abro mão das minhas questões de lazer, prefiro dormir menos, me privar de horas de sono. Eu deixo pra dormir depois.

A gente tenta não abrir mão do lazer, nem que a gente fique cansada e tenha que se virar, deixando para dormir no fim de semana.

A gente se adaptou a dormir seis horas por noite, oito horas é uma coisa que eu praticamente nunca faço.

Tento preservar as coisas de lazer na minha vida. Eu vou, pelo menos uma vez por mês, a um *show*, nem que seja pequenininho.

Essa coisa do lazer, para mim, é fundamental, com certeza.

Quase todos os dias nesse intervalo entre Instituto da Criança e consultório, eu tenho por hábito estudar enquanto faço uma atividade.

Faço quarenta minutos de atividade física enquanto leio. É o meu lazer.

Eu posso ler desde coisas médicas até coisas da psicanálise, ou mesmo alguma coisa mais prazerosa.

O meu horário do almoço é o horário do almoço que eu faço no carro. Eu somo uma atividade física com estudo.

Eu levo texto de medicina, psicanálise, Freud e perguntam: "como você consegue fazer isso enquanto você está fazendo uma atividade física?".

Tenho o privilégio de ter a minha vida profissional muito dentro da minha vida pessoal e talvez invadindo momentos de lazer, o que não me faz sofrer tanto assim.

Viajar no fim de semana é uma coisa que para mim praticamente não existe. "Como vocês me ligam numa sexta-feira pra perguntar se eu vou pra praia? Nunca vou poder fazer isso, eu sempre vou estar presa em alguma coisa, vocês têm que me convidar pelo menos um mês antes, pra eu poder me programar para aquele fim de semana".

Eu tenho, por hábito, todo ano, tirar algum momento de férias. Todo ano eu paro e viajo, mas uma viagem divertida. Atualmente, eu vou com meu marido, a gente sempre tenta fazer isso.

Faço viagens curtas com minhas amigas ou com meus pais, se ele (meu marido) não puder ir.

A gente tem o hábito de ter vidas sociais cada um por si (separadas), porque com a vida que a gente leva, às vezes é preciso calhar de os dois terem um período mais longo e tal (de folga)... Pelo menos uma vez por ano a gente vai junto, vai viajar (junto)...

Sobram duas noites livres, que, geralmente, tem uma coisa social acontecendo, ou é a noite que eu vou jantar com meu marido em casa, alugar um filme.

Por mais feminista que eu seja, esse lado feminino eu não tenho, não sou uma pessoa preocupada com isso, não é uma coisa que eu tenho que fazer.

Claro que tem momentos que você tem que estar bem, então se eu quero ir à manicure, eu tenho o horário da manicure que geralmente eu aproveito pra ler alguma coisa, um artigo e tal, eu otimizo meus horários, mas não sou daquelas mulheres de ficar falando "ah, estou louca pra fazer um negócio no cabelo".

Prazer

Eu me considero uma pessoa que se esforça para não abrir mão das coisas que me geram prazer fora da profissão.

Não tenho tantas horas de lazer como as minhas amigas, mas pelo menos, quando eu trabalho, tenho momentos de prazer enorme.

Quando você me perguntou sobre o lazer, eu interpretava muito mais no sentido de momentos de prazer, de atividades fora da área profissional, mas quando eu penso em qualidade de vida, eu penso em uma tranquilidade que eu não tenho, eu luto por ela.

Meu grande prazer está no cultural, porque não é necessariamente sair com gente o tempo inteiro, mas é sair, é ver filmes, ir num *show*, eu tenho uma necessidade de sair.

Eu acho uma delícia trabalhar, acho um prazer, o médico tem esse benefício de poder trabalhar com prazer, esperando com isso um certo gozo, uma coisa gostosa.

Mas, por outro lado, é um perigo, porque se eu tenho esses horários, eu tenho muito pouco tempo de prazer.

Estar fazendo uma medicina do SUS é extremamente prazeroso nesse sentido, tem retorno.

Tenho momentos bons no hospital, aprendizado bom, prazer enorme em ver casos difíceis e complicados, ou até mesmo um caso simples em que eu possa ajudar o paciente.

Quando estava em Boston, eu saía do hospital às seis da tarde, só às nove horas da noite é que eu ia bolar um jantar, assistir a um *show* ou alguma coisa assim. Tinha um horário livre, voltava caminhando na rua, escutando musiquinha, parava pra ler livro na praça, sentava pra tomar um café onde quer que fosse. "Hoje estou a fim de conhecer outro bairro, vamos tomar um café em outro bairro?" Encontrava um amigo no meio do caminho e falava "vamos tomar um chope?" Aqui a gente não tem essa liberdade.

Academia eu faço quatro vezes por semana, em duas eu quero ir e nas outras duas eu tenho que ir. Eu acho que é uma questão sim da saúde, do corpo.

Meu horário da academia soma ao horário de estudo, que é uma obrigação. Mas, ao mesmo tempo, é um momento que, se eu não faço isso, me dá desprazer não ir. Eu estando lá, tudo bem, é super gostoso eu poder ir.

Eu almoço no carro, como um sanduíche que eu levo todos os dias, pra mim não é uma coisa que me gera um desprazer. Eu não sou uma pessoa que dá pra almoçar todo dia, isso até me desorganiza.

Eu tenho que encaixar uma vida social intensa, porque amigos vêm de todos os lados, e isso é uma coisa que eu tenho um super prazer.

Eu não sou daquela família que tem de ter almoço de domingo com tios e tias, que todo mundo acha que é um saco, sei lá.

Relaxar

Aprendi a desligar.

Estou indo viajar na quarta-feira pra quatro dias de férias, eu tenho um monte de coisa pra fazer, estou preparando uma tese do mestrado, monografia, não quero nem saber, não vou levar nada comigo, se eu estiver viajando de férias na praia, não vou estudar, não vou trabalhar, não vou fazer nada, vou ficar relaxando.

Encaro (ter um bebê) como um prazer, mas claro que eu não acho que é super "descansante".

Chegando em casa, não dá tempo de ler, ou eu vou sair pra jantar, ou vou ter alguma outra coisa, ou vou pro curso ou pra um *show*.

Eu acho difícil ficar em casa. A gente briga pra tentar ficar um dia da semana quietinho em casa e dificilmente isso dá certo.

Esse momento *relax* é algo que eu fico lutando pra ter. São poucos horários livres que sobram.

Eu fico muito presa entre uma atividade e outra.

Não que eu sofra com meu estilo de vida, por tudo que eu já falei, mas eu penso "Eu estou relaxada? Não".

Minha área é endocrinologia, então, eu acho que tem um foco nisso de querer estar bem.

Mas eu não tenho, assim, chegar em casa às cinco da tarde e "ah, eu não sei o que eu vou fazer hoje, eu vou pegar um livro pra ler".

Eu adoro ouvir música, é uma das coisas que me relaxa muito, é bom pra dar uma boa descansada.

Todas as coisas que eu estava descrevendo me relaxam, ir pro cinema relaxa, sair pra tomar uma cerveja relaxa, ou em vez de cerveja até tomar um vinho, encontrar uns amigos, escutar música, ler um livro, se bem que faz tempo que eu não leio, mas essas coisas me relaxam, ficar jantando em casa com meu marido é uma das coisas que eu acho uma delícia, chegar cedo e tomar banho pra jantar é também uma das coisas que eu acho fantástico.

Tensão tem o tempo todo, de muito trabalho, muita expectativa, muita exigência, própria e externa. Mas, de certa maneira, aprendi a lidar com isso de outra maneira.

Eu já cheguei a ficar angustiada, depois de uma grande expectativa. Daí você pensa "tem um vazio aqui, não tem nada pra fazer". Então a gente se perde.

Eu estou estressada, porque eu tenho que fazer isso, tenho que fazer aquilo, tenho um paciente pra resolver tal coisa, tem outro e-mail que eu tenho que mandar, tem texto pra escrever, tem capítulo que tem que ler. Eu vou levando, o que deu pra fazer, deu, o que não deu pra fazer, não deu.

Caminho recebendo e-mails e tal, mas como prazer, pra fuçar o que tem na internet, de jeito nenhum.

Autenticidade – uma pausa para pensar sobre a vida

Faz tempo que eu não sinto que essa vida é minha.

O tempo todo você está fazendo alguma coisa.

Eu vou sair de pós-plantão, eu vou trabalhar no dia seguinte e à noite eu vou sair, vou para uma festa, para um jantar ou pro cinema.

Se a gente for sentar pra conversar com uma pessoa que tenha uma das outras carreiras, profissões mais bem delimitadas nos seus horários, mais organizadas nesse sentido, eu vou ficar deprimida, provavelmente.

Tem fases que você tem vontade de mandar todo mundo à merda.

A minha vida profissional entra na minha vida pessoal com prazer, mas com algumas limitações.

Eu fico feliz de achar que eu consigo segurar dentro deste contexto negro.

Não vou ser uma romântica que diz que é lindo vir fazer plantões segunda-feira à noite. Não é, é um saco.

Esse feriado, por exemplo, é um feriado simbólico, porque meu marido deu plantão sexta-feira até às onze horas, sábado a noite inteira, domingo a noite inteira e segunda-feira eu é que estou aqui dando plantão. A gente se encontrava de manhã na cama, tomava café da manhã juntos e depois continuava. Então, as noites não eram juntas, mas a gente cuidava pra passar os dias juntos. Então, as coisas vão tentando se equilibrar, eu acho que o meu privilégio é que ele pensa da mesma maneira que eu, que a gente tem que preservar os momentos de prazer juntos, não ficar tão desencontrado.

Ter filho é complicado para uma mulher. Esse é um momento que eu vou viver em função do lazer, que na verdade, não é lazer, porque cuidar de filho, sabe, tem todo o trabalho.

Fui para Boston (para um estágio profissional) muito mais por questões pessoais do que profissionais. Profissionalmente, foi muito gostoso, mas a parte pessoal foi fundamental.

Eu fiquei quarenta dias fora (em Boston) e lá eu senti que minha vida está numa péssima qualidade, nesse sentido de ter tempo, um chefe exigindo, um orientador exigindo no mestrado ou chefe do plantão.

Sou uma pessoa que vive com pouco tempo e tento não sofrer muito com esse pouco tempo.

Planos futuros

Eu estou pensando num projeto de ampliar a família, ter um filho.

Vou dar um tempo de trabalho pra ficar mais tranquila cuidando do bebê.

Eu quero parar tudo, porque isso está me tomando de uma maneira que eu já não sei mais respirar.

(Quero) ficar tranquila e não estar mais acessível para todo mundo o tempo inteiro, não ter tanta gente exigindo tanta coisa ao mesmo tempo, não ter gente te cobrando tanto e é aquela coisa de ficar assim, sem fazer nada, caminhando na rua, refletindo. Isso é uma coisa que eu não tenho.

Estou lá, com uma lista dos livros que eu quero começar a ler.

Desde Boston, eu tenho me prometido estar sempre lendo livros de literatura, enquanto eu faço meus estudos, e desde lá, eu só li um livro e completa um ano agora.

Análise da entrevista

O que caracteriza basicamente essa médica é uma ansiedade muito grande pela vida, especialmente pela vida intelectual. O tempo se torna curto para que ela possa se apoderar de tudo o que se apresenta a seus olhos. Há uma voracidade de conhecimento. Por conta disso, não pode perder tempo dormindo. Não pode perder tempo também com exercícios ou ir à manicure. Ela aproveita esse tempo para ler e estudar. Também não pode perder tempo almoçando e faz isso comendo sanduíche no carro enquanto lê. Só lê o que acha que interessa, que pode satisfazer seu enorme apetite pelo conhecimento, só lê medicina e psicanálise. Dá aula de psicanálise. Tenta abocanhar o mundo evitando recusar convites para sair, mesmo quando está exausta. Não acha que deva perder tempo dormindo. Sai de um plantão, trabalha o dia seguinte todo, vai a uma festa, vai ao cinema, vai para um *show*, adia o descanso. Tem de ir, algo compulsivo, aproveitar a vida como se fosse o último dia. Tem até os momentos do "não estou a fim de fazer nada, vou caminhar no parque, ver o sol, ouvir musiquinha *relax*", mas esses momentos não se concretizam. Sua busca constante durante a entrevista é a do repensar o sentido das coisas, dessa corrida desenfreada atrás de um prazer inascível que não a deixa relaxar.

Trabalha bastante, mas não mais do que os outros entrevistados. Vive de uma maneira imprópria na busca de uma solução para sua vida. Mais do que o corpo, é a cabeça que não para. Pensa em ter filhos, já que é casada há algum tempo, mas tem medo do apego. Terá de parar para ter filho e para dele cuidar. Essa ideia lhe causa certo medo, afinal, como parar?

Algumas de suas observações feitas em vários momentos da entrevista acabam dando evidências da confusão na sua cabeça: "eu deixo para dormir depois, a gente tenta não abrir mão, nem que a gente fique cansada e tenha de se virar; a gente deixa para dormir no final de semana; agora é claro, se você me pergunta 'você acha que é suficiente?',

putz, agora teve a amostra de cinema e eu fiquei desespera-
da pensando 'não consigo pensar em ver'". Relaxar, jamais.
Tem de ficar sempre alerta trabalhando em torno do que
poderia vir a fazer. Não há o prazer do presente.

Não à toa, já iniciou a entrevista esclarecendo que não
pensa com cuidado nessas questões de lazer. Não mesmo.
Não lhe sobra tempo. Trabalha muito, passa sua manhã
no hospital universitário, tem consultório, dá um plantão
noturno neste hospital, dá aulas num outro centro universitário, de psicanálise, fica sempre com o celular ligado
para qualquer emergência, como ela própria diz, quando
para pra pensar na divisão do seu tempo, percebe que a
maior parte dele é gasta em atividades vinculadas ao trabalho. Mas insiste em dizer que para pra contrabalançar,
não abre mão de momentos de prazer. Isto realmente não
me fica claro. A sensação é que essa médica vive uma
angústia do vazio numa busca incessante de um sentido
para a sua vida.

Inteligente que é, a todo o momento se pega em contradições intelectuais. De um lado, afirma não fazer questão
de ganhar muito, mas, sim, de aproveitar bem o dinheiro
ganho e, portanto, não acha que trabalha excessivamente
como muitos de seus colegas. De outro lado, admite que
perde a noção do quanto trabalha, dizendo que "faz tempo
que não sente que a vida é sua".

E quando não consegue viajar nos finais de semana porque está comprometida com trabalho, fica furiosa e se dá
conta que se sente muito presa, engessada nessa estrutura
de trabalho e que nem mesmo pode se dar ao luxo de falar
que não vai trabalhar num determinado fim de semana. São

nesses poucos momentos que ela se torna mais autêntica na sua forma de se ver e se cuidar.

Certamente, há satisfação no trabalho, tanto no atendimento aos pacientes do SUS como no de seus pacientes particulares. Mas, numa outra contradição, afirma ser um verdadeiro privilégio poder ter sua vida profissional muito dentro da sua vida pessoal, mesmo que isto acabe atrapalhando seu lazer e tenha vontade, muitas vezes, de "mandar todo mundo à merda". Afinal, reflete ela, "se eu sentar pra conversar com uma pessoa que tenha uma das outras carreiras, profissões mais bem delimitadas nos seus horários, mais organizadas nesse sentido, eu vou provavelmente ficar deprimida". Em outro momento, manifesta a sua impossibilidade de ter prazer no próprio lazer, dizendo "eu quero parar tudo, porque isso está me tomando de uma maneira que eu já não sei mais respirar".

Filha de pais médicos psicanalistas, fica claro na entrevista o desejo de que ela seguisse o mesmo caminho. Mas ela optou em fazer pediatria, se especializar em endocrinologia pediátrica, sem deixar de lado sua formação psicanalítica. Até dá aulas disso. Seu marido é também pediatra e também faz formação psicanalítica. Como ambos trabalham muito e em horários diferentes, ela confessa que as vidas sociais são, muitas vezes, separadas, porém, pelo menos uma vez por ano viajam juntos. Como costuma ter duas noites livres por semana, e quando não tem nenhuma atividade social, então, sai para jantar com o marido ou até aluga um filme para verem juntos.

Segundo ela, aprendeu a relaxar. Por exemplo, à época da entrevista, estava se programando para viajar quatro dias "sem levar nada para ler ou estudar". Ao mesmo tempo, em outro momento, refere que não sofre com seu estilo de vida, mas sempre se pergunta se está relaxada e a resposta é sempre "não". Na verdade, diz ela, "não tenho isso de chegar em casa às cinco da tarde e dizer 'ah, não sei o que vou fazer hoje, vou pegar um livro pra ler'". Mas tem uma série de coisas que ela considera relaxante, como beber socialmente, ler um livro, ouvir música, jantar com o marido, chegar cedo e tomar um banho, o que falta é tempo.

Não nega que, em algum momento, já se sentiu angustiada depois de uma grande expectativa. Nesses momentos, diz ela, pensou: "tem um vazio aqui, não tem nada para fazer". E completa: "então a gente se perde".

Quando estava em Boston, sentiu-se mais livre, teve tempo para bolar um jantar, assistir a um *show*, caminhar, ler um livro na praça, parar para tomar um café, mudar de itinerário quando encontrava algum amigo, e aí se dá conta de que sua questão com o tempo é mais interna do que externa. Aprende então a valorizar "que eu gosto de não fazer nada" e a não sofrer porque tem de fazer as coisas. Entretanto, na volta, não consegue cumprir tudo que imaginou quando em Boston. De todos os livros que programou ler, só conseguiu ler um até agora.

Uma frase dela serve para concluir a análise desta entrevista. Pergunto-lhe se o seu grande prazer está no social. Convictamente, responde: "eu diria, cultural".

Entrevista 4: Lazer virtual

Excertos da entrevista
Apresentação

Trabalho com genética, síndrome de Down. Fiz um ano e meio de especialização em síndrome de Down. Eu já passei por muitas situações difíceis: meu pai é alcoólatra, mas ele não está mais na ativa há uns cinco anos. Convivi um tempão com ele alcoólatra, teve várias internações. A minha mãe faleceu quando eu tinha dezoito anos, então, eu cuidei de uma irmã de quinze.

A minha vida não foi fácil, uma vida duríssima. Mas agora melhorou. Lidei com essa parte dura, com esse problema de ter essa responsabilidade, com a ajuda de uma psicóloga. Por vezes, eu tive depressão, e eu fui num psiquiatra, mas sozinha, não tive apoio familiar.

Como minha mãe faleceu quando eu tinha dezoito anos e ela era separada do meu pai, ele se casou e agora tem outra família, então, teoricamente, eu não tenho pessoas pra me ajudar nessa parte financeira.

Essa carga é muito pesada pra mim, mas pelos meus antecedentes familiares, eu estou num momento em que estou tendo que trabalhar um pouquinho mais.

Eu acho que sou abençoada pelo círculo de amizades verdadeiras que eu fiz, as pessoas costumam ser tão volúveis, mas eu tenho amigos de longuíssima data, que eu conheço a família.

Eu os vejo pouco. Se eu vir um amigo verdadeiro uma vez por ano, ele vai me trazer a lembrança da minha raiz, do que eu sempre fui, como eu era.

Natal e Ano Novo, pra mim, são datas tranquilas, porque a parte familiar é muitíssimo complicada e eu não faço questão. O Ano Novo eu gosto, sempre que possível, de passar na praia, pular as sete ondinhas e tudo o mais, geralmente é com um amigo.

No Natal, geralmente, eu vou à casa da minha tia, que é irmã da minha mãe, mas se não der, não deu. Não é assim tão especial ou que vá me deprimir, ou que eu vá fazer questão. É tranquilo.

Eu acredito em Deus, acredito numa energia, mas não tenho uma religião específica.

Já fui numa igreja evangélica, já fui uma vez até num negócio de umbanda, fui pra conhecer as coisas.

Tenho muitos amigos espíritas que eu adoro, adoro as coisas que eles pregam, mas ainda não bateu.

Mas acredito 100%. Acho que sou uma pessoa de muita fé, mas não de prática.

Não vou falar que me sinto plenamente feliz.

Eu me acho extremamente bem-sucedida pra trinta anos.

Trabalho

A vida profissional é totalmente entrelaçada com a vida pessoal. Trabalho como coordenadora em um *home care*. Dou plantão uma vez por semana, à noite, como pediatra geral. No consultório, eu atendo pacientes com síndrome de Down e crianças sem a síndrome também. Faço mais puericultura dessas crianças.

No momento, estou na fase de comprar um apartamento, na verdade financiado, então, estou tendo que trabalhar bastante. Me sinto muito cansada. Trabalho mais do que deveria, com certeza.

A minha rotina é puxada porque é de muita responsabilidade. Não é tão pauleira quanto o plantão, mas a carga mental é muito alta.

Eu tenho que dormir bem. Para a minha rotina, é fundamental. Para eu ter disposição pra qualquer coisa, eu tenho que dormir essas oito horas, senão meu corpo e minha cabeça não vão ter disposição, seja lá o que eu for fazer, tanto o lazer quanto o trabalho.

Prefiro trabalhar no final de semana de dia do que dar o plantão noturno, porque se eu durmo bem no outro dia, eu estou ok para o tipo de rotina que eu tenho. E eu não durmo bem fora de casa, acho que ninguém dorme, né? E acho que mexe muito. Mexe muito com o ciclo circadiano, enfim, pra mim isso é notório.

Você tem que trabalhar mais pra manter aquele padrão. Se eu ganhasse bem, não trabalharia tanto.

Eu tenho claro na minha cabeça que é temporário. Eu estou dando uns (plantões) extras, mas eu estou nesse momento por causa do meu objetivo e a hora que eu puder, eu paro. Não muito a longo prazo, no máximo mais um ano, eu paro.

Trabalhar à noite é muita perda de qualidade de vida. É pior do que eu perder o final de semana de dia, pra mim, pro meu corpo. O único dia que eu não durmo na minha casa porque dou plantão é quinta à noite Estou com trinta anos, eu acho que uma vez só dormir fora, acho que até que está razoável. Costumo trabalhar no Natal.

Aqui eu acho que sou remunerada mais ou menos justamente. Eu gosto daqui (hospital) porque gosto do pessoal. As pessoas ficam no serviço nunca por dinheiro, mas, sim, pelas outras, pelo ambiente. Se fica mais pelo ambiente do que pelo valor.

Eu não acho que você tem que ter quatro ou cinco empregos, ficar de lá pra cá e trabalhar loucamente. Eu acho que isso não vai te levar a nada. Estou trabalhando praticamente todos os fins de semana. Porque as pessoas conseguem trabalhar à noite, eu não.

Tenho algumas oportunidades de dar aula, ir dar palestra, fazer um trabalho. Eu tenho dois capítulos de livro publicados, e um que está no prelo, mas acho que vai sair. Tenho autoria em um manual para os pais da conduta quando nasce uma criança com síndrome de Down.

Estou na Sociedade Brasileira de Pediatria como secretária do Departamento Científico de Genética, mas eu faço tudo mais ou menos.

É uma segurança, eu sou concursada pelo estado, então, me dá uma certa tranquilidade.

Que a gente esteja tão desvalorizado, a gente tem uma parcela de culpa, sim, nisso.

Eu acho que todo mundo deveria fazer terapia.

As coisas que eu acho que poderia fazer para me valorizar eu já estou fazendo, acho que eu não estou me "prostituindo" tanto.

Lazer

Eu acho o tema interessantíssimo. Quis colaborar logo de cara porque é um assunto que tem que ser abordado por um médico, porque, senão, eu acho que a pessoa não vai ter noção da realidade e acho fantástico esse tema escolhido.

Atualmente, eu tenho muito pouco lazer.

Na minha concepção, o lazer poderia ser pelo menos o final de semana e mais alguma atividade que você fizesse de rotina, pra se desligar do trabalho, algum tipo de esporte, mas não como obrigação, uma coisa que você gostasse durante a semana e ter sábado e domingo livres. Mas não é o que eu pratico no momento.

Eu prezo muito por essas horas de lazer. Rotina tem que ser saudável e pra isso tem que estar incluído x horas de lazer. Geralmente, eu tenho um dia, às vezes nem um dia, inteiramente livre e nesse dia eu tenho que pôr a minha casa mais ou menos em ordem e descansar.

Eu não saio para quase nada. Antigamente, eu saía mais, ia ao *shopping*, teatro, dar uma volta no parque, fazia coisas e atividades que te desligam de seu cotidiano.

Para ter lazer, (você) tem que se desligar do cotidiano e fazer alguma coisa que te traga algum tipo de satisfação. Mas eu não tenho...

Praticamente eu não saio. Eu saio assim, às vezes eu tenho alguma festa, alguma, eventualmente, se eu for convidada, às vezes eu vou.

Eu adoro praia. Se pudesse, eu iria todo final de semana pra praia, tenho possibilidade de ir porque meu pai tem apartamento lá, porque a gente sempre foi muito ligado porque nasceu lá, então, assim, é perto, e eu não teria nenhuma dificuldade, mas eu não estou conseguindo, agora que estou dando esses plantões extras de final de semana.

Não consigo (ir à praia) por causa do trabalho. Se eu tenho um dia livre na semana, eu estou super cansada, não dá pra eu ir e voltar. Não dá.

Fazer inglês é lazer porque eu já tenho todos os diplomas, é uma coisa pra mim. Eu retomei as aulas de inglês, eu faço uma hora e meia de inglês. Eu não acho que seja lazer um horário de almoço. A gente fala de amenidades, mas eu acho que isso é o mínimo. Na hora de comer, você tem que ficar quieto, prestar atenção na comida ou falar amenidades, dar uma relaxada pra depois voltar. Então, isso aí pra mim é rotina, pra mim não é lazer. Eu vou ao cabeleireiro, eu faço o cabelo, eu faço luzes, faço a sobrancelha. Mas não tenho muita paciência. Encaixo o tempo. O que eu faço, eu considero o mínimo.

Prazer

Eu até estou no hospital não pelo salário, mas pelas pessoas.

O consultório eu adoro, não tenho estresse nenhum.

Aqui no *home care*, eu tenho um pouco de estresse por conta da gravidade dos pacientes, 80% dos meus pacientes são dependentes de ventilação mecânica, então, eu tenho muitos fatores que podem comprometer a vida do paciente. Às vezes, eu dependo de ambulância, eu dependo de aparelhos, dependo de uma série de coisas que não dependem só de mim. Eu tenho um pouco de estresse por isso, mas eu adoro o que eu faço.

Eu fiz muitas outras coisas antes de escolher o que eu estou fazendo agora e assim fui, não gostava, me demitia. Eu realmente escolhi e eu gosto muito do que eu estou fazendo.

Música eu adoro, mas não tenho praticado. No carro, sempre ouço música.

Ano passado eu fui muito pro clube de campo da Associação Paulista de Medicina (APM) que é delicioso. Adoro ir ao clube de campo da APM. Você até encontra gente conhecida, mas ninguém fala em medicina, não. Vou lá nadar, tomar sol.

Relaxar

Eu desligo. Eu desligo até pra eu poder dormir, eu não fico pensando, não. Já tive essa fase, agora eu consigo desligar. Tem períodos de alto estresse ou coisas muito importantes que eu penso, passo o final de semana pensando em alguma coisa, um grande evento, mas habitualmente eu desligo. Quando eu saio, desligo.

Eu acho que eu aprendi a lidar com a tensão. Eu consigo desligar agora. Eu não sei como é que foi isso. Eu acho que eu fui aprendendo. No começo, você leva um pouco pra casa.

Às vezes, eu leio para relaxar. Sempre almoço com alguém. Nem sempre eu desligo, porque às vezes eu levo o assunto de trabalho.

Ano passado eu consegui tirar quinze dias que eu desliguei, fui pra Bahia, fui para um lugar inacessível. Pode o mundo cair nas férias que eu não estou nem aí. Desligo. Férias são programadas.

Não tiro férias todo ano, mas com alguma frequência, sim.

Ultimamente, tenho dormido menos, por conta dos plantões. Onde eu moro me incomoda muito o barulho ali à noite, eu moro no sétimo andar. O lugar que eu moro eu acho que é barulhento, é poluído porque é muito perto de uma avenida.

Eu tenho dificuldade para me desligar das coisas. Eu tenho que me forçar a desligar. Isso não é de uma forma natural, eu estou aprendendo a desligar, mas várias vezes eu fico ligada. Várias vezes eu tenho sono superficial, inquieto.

Obrigações

Tem que ter um dia da semana que eu tenha, não o dia inteiro, mas um horário livre pra eu fazer minhas coisas: ir ao médico, coisas de saúde. Eu vou à psicóloga uma vez por semana. Não considero um lazer. Eu coloquei na cabeça que eu vou ter que ir pra psicóloga, não quero saber se vai ter jeito ou não vai ter jeito. Terça à noite é o dia que eu deixo livre pra eu marcar os médicos, dentista, enfim, alguma coisa extra que apareça. Eu preciso encaixar, ainda não encaixei, mas duas a três vezes por semana para fazer um esporte. Esporte é uma coisa necessária. Minha mãe sempre me ensinou que é uma coisa fundamental e eu concordo, porque mexe na qualidade do meu sono, mexe na minha disposição diária. Se fosse um esporte coletivo que eu já tenha feito, aí eu iria gostar mais. Não dou conta de tudo que tenho de ler.

Planos futuros

Eu não almejo ser o top do top de qualquer coisa... (eu desejo) trabalhar menos e ser mais bem remunerada. Trabalhar em horário comercial, de segunda à sexta. A minha meta é não dar nenhum plantão. Agora eu estou dando porque eu estou adquirindo esse imóvel. Sou uma pessoa que gosta bastante de ficar sozinha, pensar, ter um tempo pra mim, ficar quieta no silêncio. Não tenho tido isso. Estou indo atrás disso. Eu vou pra um lugar mais calmo, um bairro residencial que é pertíssimo do hospital, pertíssimo do consultório, praticamente dá pra ir a pé, a duas quadras de um e quatro a cinco quadras de outro.

Fazer esportes. Ter o final de semana livre. Eu quero fazer mais porque eu tenho a possibilidade de ir pra Santos nos feriados.

Análise da entrevista

Essa entrevista foi realizada com uma médica de trinta anos de idade, pediatra especializada em síndrome de Down em um de seus locais de trabalho, um centro de *home care*. Foi a única entrevista realizada fora do hospital.

O *home care* onde ela trabalha é uma enorme casa repleta de computadores, parecendo um centro de computação de dados de uma grande empresa. Ficou algo estranho no ar, afinal, era uma médica cuidando de pacientes com base em dados frios de computador, sem ao menos ver suas feições, sem ao menos dirigir-lhes a palavra, o olhar, o sentir. Unicamente se relacionando com dados.

Tratava-se de uma médica de caráter muito decidido. Na verdade, não só tinha sido uma das primeiras a aceitar participar da pesquisa, como foi a única a manifestar de forma absolutamente clara o quanto achava necessário que se abordasse tal tema, ainda mais sendo eu médico pediatra. Curiosamente, algo que ela não tinha, até porque trabalhava excessivamente, inclusive nos finais de semana, não só no *home care*, como também em consultório e no hospital dessa pesquisa.

A razão de tanto trabalho era objetivamente explicada pela necessidade de pagar o financiamento de um apartamento em construção. Sua necessidade de mudança de casa era justificada pela necessidade de viver em um apartamento mais silencioso, onde poderia desfrutar de um sono mais tranquilo durante a noite, algo descrito como uma necessidade absoluta.

No entanto, o decorrer da entrevista foi nos mostrando um outro lado até então eclipsado.

Tratava-se, também, de uma médica solteira, muito capaz, ambiciosa em sua carreira de pediatra geneticista, até porque ocupava um cargo importante em uma sociedade médica no tocante à especialidade.

Ela é autodefinida como uma pessoa que gosta de ficar sozinha, de pensar na vida, de curtir o silêncio e a solidão, com uma história familiar complicada, traumatizada pela morte da mãe quando ela tinha 18 anos, tendo de enfrentar a separação dos pais, novo casamento desse pai, aliás alcoólatra e com história de várias internações para desintoxicação, com profundo sentimento de carência afetiva e financeira por parte da família, contando com o apoio incondicional dos amigos para as situações difíceis pelas quais passou. Esta médica certamente carrega um tédio de vida que a impede, inclusive, de se permitir o lazer. Também ela mesma teve de recorrer a tratamentos psiquiátricos para poder fazer frente a tais dificuldades. Até hoje, faz tratamento psicoterápico para poder "enfrentar o mundo".

Vive um mundo de solidão. Não se expõe, ou talvez se exponha o mínimo possível. Seus contatos mais pessoais são sempre virtuais. Com seus amigos, "abençoados", antigos, fiéis, especialmente. Pouco os vê. Até porque com eles acaba recordando dificuldades antigas que eles ajudaram a superar. Fala com eles ao telefone, às vezes vai a uma festa, às vezes eles vão a seu consultório.

Tempo livre, o pouco que lhe resta frente a tantas horas de trabalho, é dedicado a quatro coisas: descanso, arrumação da casa, aulas de inglês e psicoterapia uma vez por semana, nada disso considerado como prazer. Prazer só nas lembranças do ano anterior (na época da entrevista, estávamos em um final de ano): umas férias passadas na Bahia em lugar deserto e de difícil acesso, alguns fins de semana "maravilhosos" no clube de campo da Associação Paulista de Medicina, lembranças, tudo no passado, nada no presente. Mesmo planos para o Natal e Ano Novo que se aproximavam pareciam inexistentes.

Mesmo nas questões espirituais, ela se coloca como pessoa de muita fé, "eu acredito 100%", mas de pouca prática e sem poder se ligar a qualquer grupo.

Interessante é a forma como se coloca no mundo: "eu me acho extremamente bem-sucedida para trinta anos" e, ao mesmo tempo, "eu tenho uma qualidade de vida péssima.. porque eu acho que deveria estar fazendo algum exercício".

Aliás, exercício que a mãe recomendava porque é "bom para o corpo".

De lazer e prazer sobra o inglês para o dia de hoje. A praia e o sol para o dia de amanhã.

Como possibilidade de uma abertura, de uma luz na clareira, há a percepção de estar passando por uma fase "temporária" e de ter aprendido a "lidar com a tensão – eu consigo desligar agora" para poder dormir.

O dormir bem, em ambiente absolutamente silencioso e por bastante horas, é sua prioridade número um. É seu momento de relaxamento e bem-estar.

Fiquei na dúvida se esta médica consegue ser feliz apesar de tão sozinha.

Entrevista 5: Lazer, projeto futuro...

Excertos da entrevista
Apresentação

Concluí o R4 (quarto ano de residência médica) agora e estou fazendo especialidade em oncologia pediátrica. Tenho satisfação em ser médico. Era isso que eu queria. Antes de entrar na faculdade, ou mesmo durante a faculdade, eu não me via fazendo outra coisa. Depois que eu me formei e fiz minha especialidade, comecei a ver várias outras áreas interessantes. Eu falei: "Poxa, acho que poderia até ser outra coisa na minha vida". E, dentro da medicina, eu sempre gostei de muita coisa. Eu tive uma dúvida muito grande no sexto ano se eu faria clínica médica ou pediatria e até hoje eu não sei.

Eu estou muito feliz como pediatra, mas eu acho que se eu tivesse feito clínica, eu também estaria bem satisfeito. Várias outras áreas da medicina me agradam.

Estou gostando de oncologia. É uma especialidade que você tem de se dedicar bastante. Eu acho que não caberia trabalhar em mais algum serviço dessa especialidade.

Eu, na faculdade, tive um período de crise financeira em casa muito importante. Então, isso me brecou bastante. Eu tinha um crédito estudantil, então, eu ainda pago a faculdade hoje em dia e é até por isso que eu tenho esses compromissos financeiros que eu não posso abdicar.

Meu pai ficou desempregado quando eu entrei na faculdade até o meu R3. Então, eu fazia as minhas coisas na faculdade, a gente ajudava como podia. Agora eu estou conseguindo ter um salário digno, um salário justo que eu consigo ajudar na minha casa, que eu consigo pagar bastante conta e ao mesmo tempo eu consigo fazer meu pé de meia.

Trabalho

Eu não tenho obsessão pelo trabalho, de ter que trabalhar a qualquer custo, em todos os momentos.

Eu acho que estou numa carga de trabalho excessiva e que, de novo, ela é temporária, faz parte de um período de transição. Eu estou com a vida meio agitada, mas em fase de adaptação.

Trabalho no Einstein, onde atendo os pacientes da oncologia. Dou plantão aqui uma vez por semana como pediatra à noite. Dou plantão uma vez por semana no Mário Covas, que é do HC da Faculdade do ABC, na enfermaria de oncologia pediátrica. No momento, faço um bico temporário no Einstein, no pronto-socorro.

Você, às vezes, acaba até entrando numa bola de neve e quando se dá conta, está tão imerso no trabalho que nem percebe.

Não todo dia nem toda hora, mas em alguns momentos ele deixa de ser prazeroso. E isso me leva ao questionamento do por quê disso tudo. E é justamente por isso que eu tenho bem definido na minha cabeça que o ritmo de vida que eu tenho agora não é o que eu quero. Não é o que eu vou ter, mas agora eu estou num processo transitório.

Eu não reclamo das ofertas e das condições de trabalho que eu tenho hoje em dia, sabe? Eu acho que eu estou inserido em bons empregos, com pessoas de qualidade. Eu estou com meu chefe, eu estou com uma pessoa extremamente competente. No ponto em que estou profissionalmente, eu estou satisfeito, mas isso tem o preço de diminuir o meu lazer, o meu descanso.

Hoje, trabalho mais do que na residência.

Nesse segundo semestre, a minha carga de trabalho dobrou. Minha carga, que já era grande, dobrou. Eu tenho dado mais ou menos três plantões, em média, por semana. E, após o plantão, não paro, entro na rotina do dia normal.

A minha responsabilidade hoje é muito maior do que na época da residência. Porque por mais que você tenha supervisores hoje em dia, você tem muito mais tomadas de decisões próprias do que você tinha há dois ou três anos. Agora você consegue compartilhar as coisas, mas muitas vezes você é o médico principal pra isso. Então, não só a carga, mas, principalmente, a responsabilidade é muito maior hoje em dia do que antes. Isso é estressante, isso é pesado.

Nos plantões, a gente divide o horário e descansa um pouquinho, quando não tem uma emergência ou sutura, a gente descasa um pouquinho, mas o período é muito pequeno. Às vezes, você consegue ir lá tomar um café, almoçar ou jantar. Ultimamente, acho que o volume é muito grande, então, é muito difícil.

Não tenho tido tempo de ver minha família.

Lazer

É uma coisa que eu não consigo de forma alguma, o que inclusive me angustia um pouco, me deixa triste em vários momentos. Vou ser sincero, eu não estou conseguindo incluir o lazer na minha vida.

Eu sempre pensei que eu tenho que mesclar minha profissão e o meu lazer, (ter) o lazer como uma parte fundamental (da minha vida) pra eu manter a minha sanidade mental, ainda mais na área que eu escolhi fazer, que é oncologia.

Durante esses últimos meses e esse ano, eu, particularmente, não tenho conseguido incluir o lazer, ou pelo menos a rotina de vida que acho saudável pra mim.

Não tenho uma vida – é difícil de dizer –, uma vida normal, enfim, porque não tenho muitos horários, fico numa disponibilidade que às vezes me breca muito e me impossibilita de ter um tempo de lazer exclusivo.

Mas o que eu penso é que eu tenho que encaixar isso (o lazer) na minha vida da mesma forma que eu tenho que encaixar o trabalho. Eu vou ter que embutir o meu lazer na minha vida pra minha sanidade mental. Mas isso, agora, eu não consigo.

Eu estou tendo muito pouco lazer. Ele está muito restrito a alguns fins de semana que não são completos, são períodos do fim de semana em que eu faço uma atividade simples, que é ir ao cinema ou uma caminhada no Ibirapuera e, eventualmente, uma noite ou outra que eu saio com minha namorada pra gente jantar, pra gente ter um tempinho nosso. Então, o lazer é esse.

Atividade física eu não consigo colocar no meu dia a dia, estou totalmente sedentário.

Eu acho que o lazer não é relacionado à situação financeira. Na faculdade, eu ainda tinha alguns empecilhos, mas de forma alguma isso impediu meu lazer. Eu conseguia plenamente me divertir, estudar, conciliar tudo muito bem.

Gosto de esporte, cinema, livro. Vou pouco ao cinema.

Na época de faculdade, eu tinha bem mais lazer do que estou tendo agora. Eu tinha o meu rol social na faculdade. Eu gostava de participar da Atlética, eu treinava. Eu fazia prática de esporte rotineira. Eu conseguia. Acho que foi uma época da vida em que eu consegui conciliar muito bem o estudo, o internato, a graduação junto com o meu lazer, sem dúvida nenhuma.

Eu estou com uns três livros parados que eu não consigo ler. Ultimamente, leio menos livros do que eu gostaria. Muito menos. Você se força a fazer algumas coisas, mas numa demanda muito menor do que eu gostaria, do que eu acho que me exigiria.

Com a minha namorada, tenho vários momentos de lazer, mas, mesmo assim, tenho de cavoucar o espacinho de lazer.

Tenho saído com os amigos, mas numa frequência menor do que eu gostaria. A maior parte deles é médico, mas não falamos muito de medicina, a gente consegue burlar isso um pouquinho.

Nesses anos todos, só tive férias na residência. Nos últimos dois anos, pelo menos uma vez por semestre consegui livrar uma semana e aí viajar um pouquinho.

Televisão eu vejo muito pouco.

Jornal, na hora do café, tento ler uma coisinha ou outra, às vezes eu levo o caderno no carro, dou uma folheada.

Não consigo ter a minha vida pessoal do jeito que eu gostaria que fosse. Mas eu também entendo que isso é uma fase e que eu estou trabalhando pra tê-la. Então, isso me alivia um pouco, me conforta.

A literatura médica também é uma coisa que vem sendo prejudicada pela carga de trabalho e é outro ponto que eu percebo com muita clareza, porque não adianta eu abraçar isso tudo se eu não vou conseguir manter a minha atualização, manter o meu conhecimento, ou até ganhar conhecimento, aprimorar meu conhecimento. Então, até nisso eu sinto prejuízo.

Prazer

O trabalho me dá prazer, eu tenho meu prazer, mas tem alguns momentos em que eu estou tão cansado, que ele vem deixando de ser prazeroso. Ocorre com bastante frequência a falta de prazer, mas em vigência de um cansaço.

Acho que o cansaço desmotiva, faz com que eu me sinta mal fisicamente. No sentido intelectual, mental, você sente fadiga, você não produz. Você perde, inclusive, algumas vezes, o prazer de fazer algumas coisas por conta de um cansaço muito importante, por conta dessa fadiga.

Às vezes (meu prazer), é uma mera leitura de um livro, assistir a um bom filme, ter um momento com a sua família, ter um tempo com a minha namorada, conseguir ir numa academia, fazer meu *cooper*...

Então, as simples coisas que eu gosto de fazer eu não consigo fazer com constância.

Eu tenho também prazer na minha vida pessoal, eu não sou o cara mais pacato do mundo, com certeza, mas eu gosto de ter meu tempo caseiro, de ficar na minha casa, tranquilo, com a minha família, mesmo que não seja com a minha namorada, mesmo não que seja com meus amigos, quieto, no meu canto, desligado do meu trabalho e isso eu ainda não consegui.

Eu faço terapia. Isso é uma coisa que eu não abro mão. A terapia é uma válvula de escape muito boa. Faço terapia desde o quinto ano da faculdade, então, desde 2002.

A terapia pode vir a ser um lazer, mas acho que ultimamente tem sido um trabalho terapêutico mesmo. Não é uma obrigação, vou lá com gosto.

É um momento em que eu pago uma hora e eu consigo ter uma versão de tudo que acontece. Eu consigo analisar isso com ajuda de alguém de fora, então, pensando assim, é um lazer, sim, eu vou com o maior prazer.

Relaxar

Nesses últimos dois meses, principalmente, na verdade, nos últimos três meses, eu não consigo ter um tempo pra relaxar.

Raramente almoço em casa. Às vezes, almoço na casa da minha namorada.

Como minha namorada trabalha no HC, quando eu estou no HC e tenho tempo, a gente vai almoçar em algum lugar que é mais perto. Aí consigo relaxar. Minha namorada reclama e exige muito de mim. É um ponto de conversa diariamente. Ainda bem que ela é o meu reforço positivo.

A gente consegue sentar, nem que seja meia hora, mas é o tempo de almoço que a gente consegue.

No meio do trabalho, consigo parar para tomar um cafezinho, comer alguma coisa. Consigo, mas de novo, eu acho que eu precisaria mais disso. Eu sinto falta.

Planos futuros

Eu tenho muito em mente de ter uma qualidade de vida boa. Qualidade de vida boa implica em fazer as coisas que eu gosto, minhas leituras, atividades físicas, ir ao cinema, conseguir ficar com minha família.

Eu teria de largar agora algumas coisas que eu conquistei para poder ter exatamente o que eu almejo como ideal de vida. Eu tenho plano de constituir uma família.

Não posso diminuir o ritmo do trabalho, porque eu estou com alguns empregos temporários.

Eu não posso largar tudo em detrimento de uma coisa que é temporária, porque se eu for desligado, vou ter que começar tudo novamente. Eu estou numa posição de *standby* para ter uma definição mesmo do que eu tenho de concreto.

A hora em que eu tiver as coisas em concreto, eu vou abraçar umas e descartar outras. Justamente visando isso, ter minha vida pessoal que me satisfaça mais.

Eu acho que isso é muito bem definido para mim como um momento transitório, por conta de tudo isso que eu acabei de dizer, por conta desses empregos novos. E até porque eu acho que esse é meu primeiro ano, na verdade, de vida profissional.

Em dezembro vai terminar o meu vínculo temporário e aí tem uma perspectiva de contratação como efetivo em abril. Então, eu vou ter esses três meses para sentir o que vai ser.

Eu vou pesar tudo o que eu tive agora nesses quatro meses, eu venho pesando, e vou julgar o que eu acho que vai ser melhor pra mim.

Vou me obrigar a diminuir o ritmo. A questão é essa, eu só preciso ter as definições dos meus trabalhos pra poder me obrigar a ter um tempo pra mim. Eu tenho certeza que é o que eu quero e eu vou fazer isso independente do trabalho que eu tenha, porque é certo que eu vou largar alguma coisa, então, largando alguma coisa, é certo que eu vou ter um tempo pra mim.

Ainda não entrei no mestrado justamente porque eu não conseguiria entrar agora. Não faz sentido eu tentar entrar no mestrado agora, neste ano. Não tenho tempo nem pra ficar na minha casa. Mas vou querer fazer isso, sim.

É uma das coisas que eu me obriguei a fazer, agora no fim do mês, eu vou sair cinco dias de férias. Vou viajar com minha namorada. A gente trocou alguns plantões pra gente viajar. Eu tenho direito a férias.

Depois de fevereiro, eu acho que vou conseguir pegar uns quinze dias de férias.

Análise da entrevista

Essa entrevista foi realizada no pronto-socorro do hospital, num início de noite tumultuado, já que na época havia uma epidemia de gripe na cidade. Esse médico nos foi indicado por uma colega que dividia o plantão com ele e que havia sido entrevistada imediatamente antes.

Ele começa me contando que acabou de concluir, no ano anterior, o quarto ano de residência médica, sendo dois de pediatria e dois de oncologia pediátrica.

Terminada a residência, ele acabou ficando no próprio Hospital das Clínicas, onde fez sua formação oncológica, acumulando esse trabalho com um plantão no hospital onde realizo a entrevista e outro em um grande hospital da cidade de São Paulo, bem como um dia de trabalho na enfermaria do hospital escola, onde estudou e fez residência médica.

Sua entrevista se inicia com uma frase que definirá toda sua continuação. Ele diz que "tem em mente ter uma qualidade de vida boa", ou seja, fazer as coisas que gosta, ler, ter atividade física, ir ao cinema, conseguir ficar com a família. Até porque, continua ele, sempre pensou em mesclar profissão e lazer.

O lazer tem de entrar na sua vida para manter a "sua sanidade mental", já que sua área de atuação, oncologia, é bastante desgastante. Mas, logo em seguida, "confessa" não estar conseguindo, de forma alguma, incluir o lazer em sua vida. E é bastante convincente ao afirmar que se trata de um momento transitório em sua vida decorrente dos empregos que tem no momento. Está numa fase de acomodação e de surpresas. Com o final da residência médica e início de sua vida profissional, passou a ter de fazer escolhas de trabalho, inicialmente pegar o que aparece para depois selecionar o que lhe interessa. Dessa forma, está sobrecarregado. De antemão, sabe que a vida de médico exige uma disponibilidade que "muitas vezes te breca muito, te impossibilita de ter lazer suficiente", mas está disposto a batalhar para conseguir conciliar as coisas.

Ele diz que isso lhe angustia um pouco, essa indisponibilidade momentânea para o lazer, mas isso não transparece muito na minha percepção. Mesmo assim, acha tempo para caminhar, ir ao cinema, sair uma ou outra noite com a namorada, ir jantar com ela, "ter um tempinho" juntos.

Sem alucinação pelo trabalho, tem horas que este lhe dá prazer, outras horas não. Quando exausto, o trabalho não lhe causa o menor prazer. E isso o leva a algo que me parece extremamente lúcido: o se interrogar "do por quê disso tudo". Uma busca de sentido de vida. E é por isso, explica ele, que tem definido na cabeça que isso é tudo que não quer para o resto da sua vida. Tudo é transitório, reafirma o médico. Acredito que sim.

Na faculdade, estava ligado à Atlética. Treinava e fazia esportes regularmente. Conciliava muito bem vida acadêmica de estudos com vida social. E foi no decorrer do curso médico que se viu às voltas com um pai desempregado, uma faculdade de medicina a ser paga, uma família que necessitava de seu apoio financeiro. Conseguiu crédito educativo e tocou sua vida em frente. Agora, tendo um salário "digno", consegue até ajudar a família. Na verdade, agora está mais fácil, já que seu irmão também já se formou em medicina. Mesmo assim, na faculdade conseguia ter o lazer que não tem agora.

Entretanto, agora se sente confiante da vida futura. Tem certeza de estar trilhando o caminho adequado. Mesmo que tenha uns três livros "parados" que não consegue tempo para ler. Mesmo que não consiga tempo para a literatura médica necessária à atualização.

Tem dado três plantões por semana. Dorme pouco, tem um sono superficial e inquieto. Tem se esforçado para desligar, mas não é fácil. Mas consegue desligar.

Como a namorada é também médica, também do Hospital das Clínicas, também trabalha muito. As conversas entre os dois giram muito em torno de novos planos para o futuro, de reformulação de vida, da necessidade de mudanças. Muitas vezes, almoça com a namorada próximo ao hospital.

Mas sai com os amigos. Tem vida social ativa. Sempre acha que deveria sair mais vezes por mais tempo. A maior parte é de médicos e todos tentam burlar assuntos médicos.

Apesar disso, refere que nesses últimos três meses não teve o menor tempo para relaxar, para ficar em sua casa, ficar com a família, com a namorada. Tem pouco tempo para televisão, mas não deixa de ler jornal. Em muitos momentos se vê estressado. Lida com essa situação fazendo terapia de apoio. Vem fazendo continuadamente desde 2002, quando estava no quinto ano do curso médico. Tem prazer em fazer essa psicoterapia. No dia da entrevista, o médico entrevistado estava com aparência muito cansada, mas parecia feliz.

Entrevista 6: Lazer na lógica do trabalho

Excertos da entrevista
Apresentação

Sou cirurgiã plástica. No colegial, eu queria fazer matemática, depois eu mudei para arquitetura e aí eu conheci uma professora de biologia sensacional que me deixou pensando no que eu devia fazer ou não. Fiz um teste vocacional e deu que eu poderia fazer engenharia ou medicina usando a imaginação espacial. Fiquei na dúvida em fazer medicina porque as pessoas falavam que na medicina tinha de decorar um monte de coisa e eu não sou de decorar. Fiz outro teste vocacional que me aconselhou a fazer medicina e me dedicar à cirurgia plástica, haja vista que tinha muita imaginação espacial.

Resolvi fazer medicina, mas queria também fazer escola de Belas Artes. Só não a fiz por incompatibilidade de horários.

Passei por várias clínicas na faculdade de medicina e me entusiasmava com cada uma das que conhecia, até porque o motivo principal que me levou a ser médica foi porque eu queria entender as coisas e não era porque eu queria fazer cirurgia plástica, até porque eu não sabia, até então, o que era isso. Tudo eu acha interessante.

Comecei minha carreira fazendo cirurgia de tumores no hospital... e na residência lá no hospital... Comecei fazendo estágio de cabeça e pescoço como residente. Aí eu vi que eu não servia para aquilo porque eu chorava todo dia. Eu ia conversar com o paciente e tudo isso me causava muita angústia. Então eu desisti da residência de tumores cirúrgicos e fui fazer cirurgia geral, e daí passei para a cirurgia plástica, não é tão grave com relação a essa coisa de vida ou morte.

Eu vim aqui para o hospital ajudar, a parte infantil toda que eu faço eu escolhi pra ajudar as pessoas. Toda minha parte artística está voltada para a medicina.

159

Trabalho

Eu nunca dei plantão, sempre trabalhei e voltei para casa.

Eu estou diminuindo o que eu trabalhava. Antes trabalhava até dez, onze horas da noite, agora eu não trabalho mais até essa hora.

Quando eu não estou de férias, acordo todo dia no mesmo horário: cinco e meia, seis horas no máximo, senão eu fico cansada. Se eu não obedecer isso de ter esse ritmo, eu fico cansada.

Para operar direito, eu tenho de dormir e comer direito. Não tenho problemas de insônia. Eu posso não estar com sono, mas se eu quero dormir, eu durmo. Eu ponho o despertador e acordo antes dele na hora que é pra acordar, parece que eu tenho um relógio na cabeça. Acordo descansada.

Se eu não durmo direito, as coisas não vão bem, nada bem. Eu nunca chego e vou dormir direto, eu tenho que ficar um pouco sentada. O meu biorritmo seria de dormir de madrugada e acordar mais tarde, mas pra profissão, não é possível, então, eu mudei o biorritmo.

Se um dia eu durmo cedo e no outro eu durmo tarde, aí eu fico mal, aí eu fico cansadíssima porque parece que eu avancei no meu corpo, não estou controlada, eu não fico bem. Então, quando eu estou de férias, eu posso acordar a hora que eu quiser, aí eu acabo acordando oito horas, oito e meia.

Dou aula para a graduação, até porque fui eu que bolei o curso pra abrir lá na escola. Eu tenho uma turma de iniciação científica e eu sempre tenho algum acadêmico comigo.

Lazer

Domingo eu acordo muito cedo, vou à missa na igreja São Bento para ouvir os sons e meditar.

Quando eu chego em casa, eu tenho as minhas plantas; eu tenho três filhos, daí que não paro totalmente as minhas atividade quando chego em casa do trabalho.

Fora essa atividade do lar mesmo que toda mulher tem, eu também gosto de fazer comida.

Eu fui criada pra ser uma pessoa do lar. Eu sei fazer bordado, eu sei fazer um monte de coisas.

Hoje em dia, quando chego em casa, cuido do meu cachorrinho poodle, encontro meu marido e meus filhos, cuido das minhas plantinhas e, às vezes, do passarinho que eu tenho.

No sábado costumo ir para minha chácara passar o final de semana.

Vou muito para a chácara que é em Cotia, pertinho. Eu até construí uma casa pra morar lá, mas o trânsito não permitiu. É uma casa que eu idealizei, fui eu que desenhei tudo. Eu tenho facilidade com essa coisa, o jardim.

No domingo, quando eu não estou na chácara, eu vou almoçar na casa da minha mãe, que ainda é viva, e aí encontro meus irmãos.

Uma vez por ano eu tiro uns dez dias, pelo menos, de férias, que eu fico na minha casa de Campos do Jordão.

No Natal, faço uma reunião familiar e no dia seguinte, 25 ou 26, a gente tenta fazer uma viagem com os filhos, uma viagem de uns dez dias. No ano passado nós conhecemos o Chile.

Tenho amigos com quem a gente sai às vezes à noite, mais no fim de semana, não muita gente, pouca gente. São amigos dos dois.

Eu tenho vontade, às vezes, de ir ao cinema, mas meu marido não, então a gente não vai.

A gente vê televisão, eu tenho uma televisão daquelas enormes. É uma forma de lazer que a gente usa bastante. A gente vê filme, vê noticiário, às vezes alguma novela que a gente vê alguns pedaços.

Para mim é importante a família. Encontro com meus irmãos toda semana ou no máximo a cada quinze dias porque, como disse, minha mãe é viva, tem 87 anos e ela que promove essas coisas na casa dela. E os netos nem sempre vão, mas os filhos vão. O Natal, geralmente, é na minha casa ou na casa da minha filha mais nova.

Quando a gente almoça na casa da minha mãe, fica lá a tarde inteira conversando. A gente leva o vinho que faz pra todo mundo experimentar.

Prazer

Tenho muito prazer no operar. Quando eu era criança, eu gostava bastante de bordar, de fazer coisas manuais, de desenhar, todas essas coisas. Depois que eu comecei a operar, eu não fiz mais muito dessa parte porque não dava tempo, mas eu acho engraçado porque eu estou aplicando a mesma coisa mais ou menos que eu fazia, na cirurgia.

Aqui, se eu ganho ou não ganho, não é esse o principal. Eu tenho meu salário como professora lá na escola, tenho meu consultório – não um monte de pacientes, porque eu também não tenho tanto tempo pra ficar atendendo –, mas eu ganho também com alguns pacientes particulares, meu marido também trabalha e eu não sou uma pessoa que só pensa no dinheiro.

Eu penso na qualidade de vida. Eu acho que não adianta só dinheiro. Para mim, qualidade de vida é fazer o que se gosta e não ficar só trabalhando. Eu trabalho bastante, mas porque eu gosto do que eu faço, porque senão eu não ficaria trabalhando tanto.

Dar aula para os acadêmicos me dá muito prazer. Sou co-orientadora de teses, assim, tenho menos estresse.

Eu gosto de participar das coisas que eu estou interessada. Não o que eu sou obrigada, o que eu sou obrigada eu não gosto.

Eu faço pesquisa em angiogênese, que é uma área multidisciplinar. Eu não vou me aposentar por causa dessa área porque eu acho que ainda tem coisas pra descobrir.

Quando vou fazer uma coisa, eu gosto de entender bem da coisa.

Gosto de tirar os cabinhos das uvas, eu e a caseira, a gente tira todos os cabinhos das uvas para fazer o vinho.

Gosto muito de natureza, apesar de criada num apartamento. Faço hidroginástica à noite duas vezes por semana. Não tenho prazer com isso, prefiro mais trabalhar a ter de ir pra hidroginástica, mas eu sei que eu preciso fazer movimento pra eu ter uma saúde melhor, então, é por isso que eu vou.

Eu gosto de coisas assim, andar, correr, coisas em que se vê a natureza.

Relaxar

Desde criança aprendi a desligar. Como eu já era a mais velha de três irmãos, se não aprendesse a desligar, não dava pra estudar, ficava barulho, todas aquelas coisas. Eu conseguia pegar o bonde ou o ônibus e no caminho eu ia estudando e esquecia que eu estava lá. Foi assim que eu aprendi. Fui obrigada a aprender, senão não ia dar pra estudar. Aprendi essas coisas sozinha. Eu via que dava pra fazer isso, eu conseguia desligar completamente, a ponto de não escutar barulho nenhum no ambiente. Eu tenho uma capacidade boa de concentração.

Também quando opero fico tranquila.

Vou tanto aos congressos de cirurgia plástica como aos de cirurgia pediátrica com meu marido. Levo trabalhos científicos relacionados ao atendimento das crianças com problemas congênitos que eu atendo. Como os congressos são sempre realizados em diferentes cidades, a gente procura sempre ver se dá pra ficar pelo menos um dia a mais pra conhecer alguma coisa diferente, relaxar a cabeça.

Eu não me estresso por cuidar, no meu dia a dia, dos pacientes ou por realizar cirurgias. Eu não fico estressada com nada disso do trabalho propriamente dito. Às vezes, eu me estresso por conta do ambiente e dos colegas, mas não por causa do paciente. É muito raro eu ficar estressada por causa de um paciente.

Eu já aprendi a lidar com horários.

Fiz uns cursos de controle da mente, aprendi a relaxar. Isso foi na época em que meus filhos eram pequenos e eu entrei em conflito comigo mesma.

Eu aprendi a fazer dez minutos valerem duas horas, três horas, eu aprendi a fazer isso. E também aprendi que quando a gente, às vezes, não está respirando direito, a gente fica estressada. Numa das vezes que fiquei doente, uma colega fisioterapeuta, que também entendia de shiatsu, me mostrou que eu não estava respirando direito, então, eu aprendi a respirar.

Eu já tive estresse, quando fui assaltada, eu já tive todas essas coisas do dia a dia que me estressaram muito, muito.

As cirurgias lá no Hospital do Câncer me estressavam muito, porque eu tinha de lidar com a morte e essa parte é terrível para mim.

Depois, você vai ficando mais velha e você vai aceitando melhor essa parte, porque é a lei natural, mas nessa época eu sofri, tinha que disfarçar as coisas pro paciente.

Se tenho de lidar somente com pacientes com tumor maligno, eu me estresso muito. Se for misturado, no meio de outros tipos de doença, eu consigo lidar bem.

Mudança de vida

No ano passado, eu tive uma pneumonia por refluxo, aí eu operei o refluxo, fiquei ótima, não tomo nenhuma medicação, então eu aproveitei e pensei: "Eu já estou mais velha, então, tenho que diminuir". Agora paro mais cedo e às sete horas eu já estou em casa. Raramente, só quando eu tenho uma reunião ou alguma outra coisa para fazer, é que eu chego mais tarde.

Eu já tive algumas doenças que foram difíceis, mas que eu venci, não era nada maligno, mas eu precisei ficar parada. Eu tive uma paralisia viral no braço esquerdo, já tive erisipela hospitalar, nódulo de mama, que eu não sabia se era maligno ou benigno, e no fim era benigno.

Já tive problemas de ambiente de trabalho, fiquei hipertensa nessa época, fiz os exames todos e vi que era do ambiente.

Depois que aprendi a respirar direito, não tive mais problemas de saúde.

Minha mãe foi criada numa fazenda, mas eu fui criada num apartamento. Como meu primeiro irmão morreu com um ano, minha mãe passou a me superproteger, não deixando que eu entrasse em contato com nada, com medo que eu ficasse doente. Daí que passei a ter medo de tudo. Depois de casada e de ter filhos, para evitar que meus filhos fossem educados da forma como eu fui, comprei cachorro e chácara. E é lá que cuido das minhas plantas e dos meus animais.

Como fui operada do menisco, não posso correr e aí fui fazer hidroginástica.

Planos de futuro

Não pretendo me aposentar agora porque quero dar continuidade ao meu trabalho de pesquisa que se desenvolve na área de angiogênese. Eu não vou me aposentar por causa disso. Estou deixando na mão de outras pessoas as outras coisas que faço na faculdade, já que vou ter que me aposentar daqui a sete anos. É obrigatório. Estou diminuindo minhas atividades, mas acho que eu não consigo parar de vez. Aposentar seria como tirar uma parte da vida da pessoa.

A gente tem um plano B para a aposentadoria: produzir vinhos, fazer uns queijinhos pequenininhos individuais.

A gente foi pra França pra ver umas coisas, pra África do Sul pra ver umas outras, tudo aproveitando a época dos congressos. No ano passado eu fui pra Bordeaux, pra toda aquela região pra ver as vinhas, e deu pra ver que nós estamos fazendo a coisa direito.

Eu queria fazer um vinho do tipo Kosher, eu queria que não tivesse nada de errado, por isso que a gente está indo atrás, pra fazer uma coisa a mais pura possível, sem química, sem coisas erradas. Porque a minha propriedade não é tão grande, é do estilo das propriedades da França, são pequenas, então dá pra fazer em pequena quantidade, mas com qualidade. E aí, quando a gente não puder mais trabalhar na medicina, a gente vai se dedicar a isso.

Temos amigos que também fazem vinho, então, cada um de nós dá uma garrafa pro outro porque, por enquanto, a gente não vende nada, a gente está na fase de aprendizado, então, cada um dá pro outro e aí cada um experimenta o vinho do outro.

Tenho vontade de fazer algumas coisas, mas eu preciso ter mais tempo. Como estou diminuindo meu tempo dedicado ao trabalho, comprei uma tela e tinta que seca rápido porque eu quero fazer rápido eu não quero aquela coisa de cada camadinha, cada camadinha, eu prefiro que seque um pouco mais rápido, então, eu vou fazer alguma coisa.

Análise da entrevista

A grande característica dessa entrevista é o fato de ela destoar radicalmente de todas as outras seis realizadas, mas isso, de forma alguma, lhe tira o encanto.

Diferentemente dos outros médicos entrevistados, essa não é uma pediatra do hospital, mas sim uma cirurgiã plástica. Trata-se de uma médica mais velha, já preocupada com sua aposentadoria, professora de uma faculdade de medicina e coorientadora de alunos em nível de pós-graduação com atuação no campo da pesquisa cirúrgica, onde inclusive desenvolveu técnicas reparadoras, visando corrigir defeitos congênitos e lesões tumorais das crianças que atende no hospital. Uma pessoa amável, simples no trato e que desenvolve no hospital um serviço cirúrgico não remunerado, mas de alto valor social.

Por isso, suas preocupações diárias com lazer atingem um patamar bem diferente dos outros entrevistados.

Da sua história pessoal, alguns fatos chamam a atenção. No colegial pensava em estudar, inicialmente, matemática e depois arquitetura. Uma professora de biologia acabou colocando-a em dúvida sobre a carreira a seguir e um teste vocacional acabou por encaminhá-la à medicina. Sua ideia inicial era conjugar medicina com belas artes, duas

167

faculdades cujos horários não se coadunavam. Na medicina, diz ela, queria entender as coisas, daí se entusiasmar por cada clínica que passava. Mas a habilidade manual acabou direcionando-a para a cirurgia, inicialmente de tumores no Hospital do Câncer, e depois para cirurgia geral. Não teve estofo emocional para se dedicar a sua primeira opção. Da cirurgia geral foi um passo para passar para a plástica. Uma frase sua define esta escolha: "Toda minha parte artística está voltada para a medicina".

Sua vida profissional é bastante agitada. Nunca deu plantão, sempre dormiu em casa, mas acorda todo dia útil entre cinco e meia e seis horas da manhã para começar a vida cirúrgica. A ansiedade faz com que acorde antes do despertador tocar. Se não acorda nessa hora, sente-se cansada o dia todo. Muito disciplinada, metódica e detalhista sobre certo ponto de vista, tem de dormir e se alimentar bem para que as coisas andem bem. Por ela, dormiria tarde e acordaria também tarde. Não o faz. Nas férias acaba acordando oito, oito e meia, no máximo.

Sempre foi uma pessoa estressada. Por conta disso, acabou aprendendo controlar a ansiedade com a respiração e este é o mecanismo que usa com frequência no controle das emoções. Segundo ela, aprendeu a desligar ainda menina, até para poder estudar tranquila numa casa barulhenta onde era a mais velha entre três irmãos. Até hoje consegue se desligar completamente da agitação e do barulho do dia a dia, concentrando-se, principalmente quando opera. Nessas ocasiões, consegue se manter absolutamente tranquila.

Não considera que sejam os pacientes ou o próprio exercer da profissão que a estressam, mas sim o próprio ambiente e a relação com os colegas.

Aprendeu a relaxar em cursos de controle da mente realizados ainda quando os filhos eram pequenos. Foi uma época de grandes conflitos internos e esta foi a melhor solução para aquele momento. Neles aprendeu a fazer dez minutos valerem duas, três horas. Aprendeu a respirar corretamente com uma fisioterapeuta, que a ajudou numa época que esteve doente.

Sempre teve dificuldades de lidar com a morte e essa foi uma razão grande para abandonar o Hospital do Câncer. Se hoje, até pela idade, esse aceitar da finitude da vida é mais fácil que antes, naquela época era quase impossível. E essa é a grande questão de Heidegger, que se afasta do pensamento metafísico da eternidade para entrar no conceito ontológico da temporalidade, da percepção da finitude e toda a angústia daí decorrente. Boss, como já citamos anteriormente, considera que o médico em geral tem muita dificuldade para lidar com a morte e poder admitir que a vida não nos pertence.

O relaxar também se faz presente na vida dessa médica na medida em que, aos domingos, quando em São Paulo, vai à missa na igreja de São Bento para "ouvir os sons e meditar".

No dia a dia, não há o relaxar, o chegar em casa e descansar, o não fazer nada. Criada para ser uma pessoa do lar, ao chegar em casa vai cuidar de seus animais de estimação, de suas plantas, vai encontrar com o marido também médico.

Tem uma casa em Campos do Jordão e uma chácara perto de Cotia. Na casa de Campos, costuma passar férias uma vez por ano e lá fica mais ou menos uns dez dias. Para a chácara, procura ir todo final de semana. Nos fins de semana que não vai para a chácara, vai para a casa da mãe e lá se reúne com a família. Pouco vai ao cinema, às vezes sai à noite com amigos comuns do casal. Vê muita televisão e a considera um grande lazer.

A chácara foi construída na intenção de servir de moradia. Toda ela foi planejada e desenhada pela médica entrevistada. É nessa chácara que ela e o marido se aventuram no mundo da produção artesanal de vinhos, ideia que trouxeram da região vinícola da França e que aprimoram dia a dia nas frequentes viagens a outras regiões de cultivo de uva para vinho, tais como o Chile. Na medida em que ela e o marido viajam muito para congressos no exterior, aproveitam essas viagens para descobrir mais e mais da arte de fabricar vinhos. Interessante que, como ela é uma pessoa extremamente detalhista e perfeccionista também na fabricação do vinho, esforça-se ao máximo para nada dar errado, para fazer um vinho puro, livre de produtos químicos.

A produção de vinhos e mesmo uma possível produção de "queijinhos individuais" fazem parte de seu plano de aposentadoria.

Paulatinamente, vem diminuindo suas atividades. Mas não quer se aposentar da carreira universitária, mas sim dar continuidade a seu trabalho de pesquisa. Aposentar, diz ela, seria como tirar uma parte da vida da pessoa.

Na realidade, são muitas as coisas que lhe dão prazer: operar, bordar, fazer coisas manuais, desenhar. Qualidade de vida, no seu entendimento, é fazer o que se gosta e não ficar só trabalhando. Mas ela trabalha bastante porque gosta.

Mas nem tudo são flores. Ano passado teve uma pneumonia de refluxo, passou por uma cirurgia, ficou ótima e caiu em si: "Eu já estou velha, então, tenho de diminuir o ritmo". Agora para mais cedo. Em geral, às sete da noite já está em casa. Mas em casa continua trabalhando. Afinal, ela sabe multiplicar as horas por meio do controle da mente. Ela faz dez minutos valerem duas horas.

Foi um grande prazer entrevistar essa doutora. Ela realmente conseguiu reunir medicina e arte na cirurgia plástica, como ela bem queria.

171

ENTREVISTA 7: VOLTANDO AOS TEMPOS DO ÓCIO

Excertos da entrevista
Apresentação

Eu me formei em 2003 e aí prestei a residência, e fiz a residência aqui, o R1 [...]

Eu não queria ser médica quando era pequena. Decidi ser pediatra no sexto ano, no final do segundo tempo, falei: "Quero ser pediatra".

Fiz especialização em alergia. Eu fiz outra especialidade porque acho que tinha que fazer, mas eu gosto de ser pediatra, porque como alergista eu posso atender adulto se eu quiser, meu título me dá esse direito, mas eu gosto de trabalhar com criança.

Acho que hoje, você está em São Paulo, você terminou sua residência em pediatria, você tem que ter uma subespecialidade. Não fiz alergia porque eu quero ser alergista, eu quero ser a pediatra.

Moro com meus pais. Eu adoro morar com a minha família. A minha família é muito unida, minhas irmãs, meus cunhados estão todo dia em casa, então, é muito bom. Estar com a minha família, ainda mais em São Paulo que é tudo louco, é um enorme prazer.

Trabalho

Minha vida está muito concentrada na profissão porque agora eu acho que é a hora. Eu não sou casada, nem tenho filho, eu posso me concentrar.

Eu não sou muito de reclamar, gosto do meu trabalho, gosto da minha vida, não tem uma coisa que eu esteja insatisfeita.

O que me incomoda um pouco são as equipes com quem eu trabalho, os colegas, às vezes isso me incomoda um pouco, de atitude, de falta de compromisso. Às vezes eu penso em sair de uma equipe porque não vale a pena assim, pelos outros, uma pessoa que não tenha consideração por nada, nem por paciente, nem por colega, por ninguém.

Mas se estão na minha equipe, eu já fico bem, porque eu acho que o trabalho tem que andar, tem que todo mundo se esforçar para o trabalho andar e nem sempre está todo mundo com essa disposição. É a única coisa de trabalho que me irrita, a falta de compromissos das pessoas, de responsabilidade mesmo.

Não me vejo trabalhando mais, não me vejo também parada sem fazer nada. Quando estou de férias eu me sinto inútil, trabalho para mim é essencial.

A prioridade da nossa vida vai mudando, entendeu? Então, enquanto eu posso fazer isso (trabalhar), vou fazendo até as prioridades mudarem. Prioridade é eu me sentir bem com o que faço.

Não quero fazer concurso e ir para a área administrativa. Deixar de ver paciente para mim não existe. Como é que você vai ser médico se você não atende o paciente?

Acho que eu não trabalho tanto porque tem gente que trabalha infinitamente mais do que eu, dando plantão de dois em dois dias.

Trabalho aqui, no Hospital Pedreira e no programa da prefeitura Aprendendo com Saúde. Considerando que os plantões são de doze horas, eu faço plantão quase todos os dias. Dois domingos por mês eu trabalho.

Eu gosto de trabalhar à noite. Chego a ter três plantões noturnos por semana. Como na residência, que a gente trabalhava muito, quando você sai, já sai com esse ritmo meio alucinante de trabalho.

Gosto de trabalhar à noite, porque o volume de atendimento tende a ser menor, eu acho, dá sempre para dar uma descansada. De dia não dá. De noite o ritmo de ônibus diminui, daí diminui o volume de atendimentos, aí dá para descansar.

Costumo trabalhar também no Natal. Acaba sobrando para mim, porque não tenho filhos.

Emprego para a gente não falta, tudo bem, um paga melhor, paga pior, mas a gente se vira também, que é uma coisa que também dá mais tranquilidade. Precisando de dinheiro, você tem como conseguir. Com quase ninguém é assim, perdeu o emprego, fica lá, a gente não, a gente se vira nesse sentido, é uma coisa boa da nossa profissão.

Tenho tempo para as refeições quando estou em casa. No plantão é corrido. Dependendo da necessidade, eu engulo a comida e volto correndo ao trabalho. Às vezes está corrido, criança grave, não dá muito para a gente comer devagar, a gente acaba fazendo a refeição mais rápido.

Nestas últimas férias, só viajei para prestar a minha prova do título. Estudei o mês inteiro, de manhã até de noite, aí eu só viajei para o congresso, que foi em Porto Alegre, para prestar a prova.

Congresso faz parte da minha profissão, eu tenho que fazer, portanto, não é um lazer, tenho que me atualizar, se dependesse de mim, preferia estar numa praia.

Eu acabo fazendo cursos de pediatria da Sociedade de Pediatria em fins de semana aqui em São Paulo, geralmente aos sábados.

No ano passado eu estudei muito para a prova, foi uma prova dificílima, me dediquei muito a ela. Meu namorado reclama, mas aí, não adianta, já que se tem curso e não estou de plantão, acabo fazendo.

Eu priorizo a minha formação médica. Tenho a obrigação de fazer, tenho que me atualizar.

Acho que em São Paulo está muito difícil hoje esse negócio dos convênios, você abre um consultório particular e não tem paciente, não sei, estou meio desanimada para abrir um consultório, tem gente que fala: "Você deveria abrir um consultório de alergia", mas em São Paulo é saturado. No interior você consegue trabalhar bem, em São Paulo, até que ponto vale a pena? Mas também eu não sei o que vai acontecer, se o meu namorado vai passar, e se for passar, eu estou meio que esperando, enquanto isso, eu vou trabalhando, já prestei concurso da prefeitura, eles não chamam ninguém, não vão chamar.

Acho que ganho bem. Acho que as pessoas perdem a noção de dinheiro. Acho uma loucura esse pessoal que só trabalha e nem vê os filhos. Acho importante ter convivência com os filhos. As pessoas começam a ganhar um valor x e parece que viram escravas desse dinheiro, parece que não podem ganhar um pouco menos, não sei, por mais que tenha o filho para sustentar, eu acho que tudo pode ser ponderado, mas eu vejo muita gente que chega nessa loucura e eu falo: "Eu não pretendo chegar nisso".

Lazer

Não é só o trabalho, tem que ter algum lazer, porque senão acho que enlouquece. Não considero que trabalhar seja um lazer.

Ultimamente, não tenho tido tempo de viajar muito. Meus pais viajam muito, eu nunca posso ir com eles, por que se eu não estou de plantão um dia, estou no outro.

Aos sábados, eu encontro meu namorado, a gente vai ao cinema, sai pra comer, às vezes vai viajar, não foge muito disso. Quando não estou trabalhando, gosto de ver filmes, fazer compras, porque no final, o que a gente trabalha, a gente tem que gastar.

Sair para comer eu gosto bastante também.

Filme distrai, muda um pouco o mundo em que a gente vive. Eu vejo bastante tevê também no meu tempo livre. Gosto das séries da tevê de canal pago, vejo muito jornal também, vejo tudo, sei mais ou menos de tudo que está passando, estou superligada.

Comer junto com a família é um momento que eu relaxo, não tem coisa pior do que comer sozinha em casa, eu acho deprimente, você não tem nem fome para comer.

Minhas últimas férias foram em novembro do ano passado. Conciliei as férias de todos os trabalhos. Este ano pretendo fazer o mesmo.

Aproveito a ida aos congressos para tirar férias e viajar. Vou aos congressos de alergia. É quando viajo.

Congresso não é um tipo de lazer. Se o congresso é muito extenso, eu não aguento assistir à aula, aí falo: "Não, chega", aí vou embora descansar, não considero lazer, não.

Família para mim é uma forma de lazer. Estar em casa com todo mundo lá, todo mundo jantando junto, essas coisas fazem com que eu relaxe.

Saio, saio muito com minha família, mas eu também saio para encontrar meus amigos. Vejo meus amigos quando sobra tempo. Para encontrar o pessoal da faculdade, a gente deve trocar os plantões, o que é difícil. A gente acaba se encontrando umas duas vezes por ano. A gente ainda se fala, se encontra, mas é difícil. A maioria dos meus amigos é médico, a gente fala muito de assuntos médicos.

Prazer

Tenho muito prazer em trabalhar. O meu trabalho é de pronto-socorro. Se eu não tivesse tanto prazer em trabalhar, eu não faria tanto pronto-socorro que nem eu faço.

Muitas vezes, quando tenho final de semana livre, eu me sinto até inútil. Eu consigo me realizar profissionalmente e materialmente.

É um conforto pra gente trabalhar com gente conhecida. Não adianta você ganhar muito bem e não ter equipe pra trabalhar junto. Aqui eu encontro isso, e aí tenho satisfação de trabalhar aqui.

Eu nunca vou para o plantão pensando: "Ai, que saco", nunca, nunca. Foram pouquíssimas as vezes que falei: "Ah, mais um plantão".

Eu gosto de trabalhar, eu gosto de ser médica.

Gosto de morar em São Paulo. Gosto da diversidade das coisas que você tem aqui, do serviço, de tudo, você compra tudo, não falta nada, você tem onde procurar, o que procurar, você tem bons hospitais, bons *shoppings*, bons tudo, bons restaurantes, tudo, tirando o trânsito, que é o que atrapalha, de resto eu acho muito bom.

Tenho prazer em comprar. Eu não sou compulsiva, não fico me endividando, tenho prazer em ver e comprar, é uma forma de lazer para mim, com o meu dinheiro, sair e ir lá comprar alguma coisa que eu quero, e compro, isso para mim é uma certa forma de prazer.

Gosto de ver filmes, fazer compras, gosto de namorar e, às vezes, de ficar sem fazer nada mesmo, que é o que eu faço às quintas. Na quinta, posso acordar tarde, quer dizer, eu chego do plantão e durmo, porque trabalho quarta à noite. Eu chego, tomo café, aí durmo, acordo, almoço e fico vendo tevê, fico deitada, aí chega algum sobrinho meu, eu praticamente não saio da minha casa nesse dia.

Na quinta-feira eu não costumo estudar, porque eu quero me desligar mesmo. Vejo tevê, fico em casa, fico descansando mesmo, só de ficar esticada com o corpo, já relaxa mesmo.

Relaxar, qualidade de vida

Para mim, qualidade de vida é eu me permitir ter esses descansos, durante a semana, por exemplo, me permitir ter a quinta-feira para fazer o que eu quiser e se eu não quiser fazer nada, não fazer nada, não trabalhar no sábado, eu poder sair neste dia, fazer o que eu quiser, poder me permitir fazer essas coisas e não virar escrava do meu dinheiro e do meu trabalho.

Descanso todas as quintas e sábados – não trabalho nesses dias.

Considero-me até calma.

Eu consigo me desligar totalmente do ambiente hospitalar. Só não desligo se acontece algum óbito, alguma coisa assim, que, aí, é mais difícil, mas no geral, consigo desligar, me desligo bem. Não fico pensando nas coisas quando chego em casa e não fico falando de trabalho. Acabou meu trabalho, preciso me desligar, porque senão também adoeço.

No meu tempo livre, eu fico um pouco com os meus sobrinhos, o que também me relaxa. Distraio-me com eles. Fico com eles na quarta quando estou em casa antes do plantão à noite.

No tempo livre no plantão, eu descanso dormindo mesmo, porque nunca tem tevê nos lugares que a gente trabalha.

Eu consigo descansar umas três horas. Na maioria das vezes, consigo dormir, eu me desligo.

Um pouco de qualidade de vida eu tenho que ter, por exemplo, poder descansar de dia, nem que eu trabalhe de noite.

(Qualidade de vida) é poder trabalhar e descansar, não é fazer 24 horas de plantão e continuar no outro dia. Qualidade de vida, para mim, já começa com horário de trabalho, de eu me permitir descansar, não fazer como esse pessoal que emenda plantões.

É preciso descansar para não cometer erros, a mente não aguenta.

No geral, eu durmo bem, não tenho muita insônia. O que atrapalha um pouco é a questão de estar hoje de dia e amanhã de noite de plantão. Dá uma atrapalhada.

Quando acordo muito tarde e vou fazer um plantão à noite, se, por exemplo, acordo meio-dia, às vezes não durmo muito bem.

Qualidade de vida é também se permitir não ir trabalhar um dia ou sair de um emprego que não está gostando.

Boa alimentação, por exemplo, também é qualidade de vida. Eu almoço muito em casa mesmo, em plantão, você acaba comendo muita besteira.

Poder parar para comer é também uma questão de qualidade de vida.

Conversar de assuntos que não sejam sobre medicina em casa é também uma forma de qualidade de vida.

Nunca sei o dia de amanhã, mas por enquanto, estou tranquila.

Planos de futuro

Meu plano futuro, se for pensar em bens materiais, é comprar carro, apartamento.

Tenho um namorado e a gente pensa em ficar junto, mas ele está prestando concurso jurídico e depende disso. Primeiro, ele quer passar no concurso dele. Ele vai ter a magistratura. Dependendo de onde ele for, eu vou com ele ou não.

Talvez eu vá ter que mudar a minha vida por causa disso. Para mim, é fácil arranjar emprego, ainda mais como pediatra, que hoje está em falta.

A gente não está com muito planos de casar no momento. Enquanto isso, estou esperando, estou trabalhando, juntando o meu dinheiro e fazendo o que eu gosto.

Análise da entrevista

Essa entrevista foi realizada no pronto-socorro do hospital com uma médica formada em 2003, também ela com quatro anos de residência, dois de pediatria, dois de alergia, esses dois últimos com a intenção declarada de não dar mais plantão. Não deu certo.

Em linhas gerais, trata-se de uma médica que tem uma relação muito intensa com o próprio exercício da medicina. Acha que esta extrema dedicação à medicina decorre do fato de não ser casada e não ter filhos. Não satisfeita em se preparar para exercer uma especialidade, se preparou para duas: pediatria e alergia. Fez duas residências, estudou para dois títulos de especialista. Vive para a medicina, mas não propriamente para o trabalho médico. Tanto assim que se permite ter um dia livre pós-plantão noturno, um dia em que descansa, vê televisão, brinca com os sobrinhos, mas não sai de casa, e mais um sábado para estar com o namorado, sair, ir ao cinema, simplesmente ficar com ele. Mas nem sempre tem o sábado disponível, já que alguns cursos que faz ocorrem exatamente nesse dia da semana.

Em verdade, sempre quis ser médica, seguindo a profissão do pai. Aliás, ainda mora na casa dos pais, adora isso. Sente-se bem e acolhida. Seu grande prazer é reunir a família toda, alguns do interior, em torno de uma grande e farta mesa de almoço.

Trabalha não só no hospital da nossa pesquisa, mas também em outra instituição pública e ainda tem outro vínculo com a prefeitura. Com o hospital em referência, estabelece um vínculo afetivo forte, inclusive porque lá fez seus dois primeiros anos de residência médica. Por esta razão, considera muito confortável trabalhar lá, por conta do esforço das equipes para prestar o melhor atendimento possível aos pacientes, ideia que lhe agrada muito. Dessa forma, o que ganha passa a não ser de importância maior.

Tem franca preferência pelo trabalho noturno, não sabe bem porque, acha que é porque sempre tem a possibilidade de dormir por algumas horas, já que o movimento diminui. Jamais vai para o plantão reclamando ou achando que "é um saco". O trabalho lhe dá prazer.

Na questão lazer, uma das coisas que lhe dá profundo prazer é o entregar-se às compras, gastar dinheiro, sem que isso signifique desperdício de dinheiro ou compulsão. Também lazer é ver televisão, filmes, séries, especialmente no dia dedicado ao descanso em casa.

Gosta bastante de viajar, inclusive com seus pais, mas é complicado por conta dos plantões de fim de semana. Mas, quando vai a congressos médicos, aproveita para emendar com férias. Nas últimas férias, viajou para um congresso de alergologia no sul do país, única e exclusivamente para fazer a prova do título de especialista. Considera que ir a tais congressos não é uma questão de lazer, mas de obrigação profissional. Inclusive, para fazer esta prova, estudou muito, gastou parte de seu tempo livre estudando. Atualização está entre suas prioridades. Quando acha os congressos extensos demais, interrompe e vai descansar.

Tem certa dificuldade com o fazer nada e com o lazer. Chega a declarar que, muitas vezes, quando tem final de semana livre, se sente até inútil, mesmo porque não acha que trabalha muito.

Isso nos remete a Boss (1975), que preconiza que angústia e culpa são partes inerentes ao ser humano, dizendo, em suas próprias palavras, que

[...] mesmo que as angústias apareçam biograficamente bem antes que os sentimentos de culpa, mesmo que as formas tardias dos fenômenos de culpa humanos se pareçam com as formas precoces dos mesmos, *o próprio 'poder-se-sentir-culpado' dos seres humanos permanece, em cada fenômeno de culpa, num 'estar-culpado' autóctone de originalidade e essência própria* [itálicos nossos] (p. 30).

Até quando pega um romance para ler se sente culpada de não estar lendo mais coisas ligadas à medicina.

Sua vida social é igual a da maioria dos médicos: encontra com os amigos, a maioria médicos, na medida em que os horários coincidem. Mas sai muito com a família. Muito, quer dizer, quando dá.

No momento, sua vida está num compasso de espera.

Morando na casa dos pais, que ela adora, aguarda o seu namorado ser aprovado em um concurso público para saber em qual cidade ele vai trabalhar para então poder acompanhá-lo. Não tem nenhuma restrição a acompanhá-lo para outras cidades, considera fácil se ajeitar profissionalmente em qualquer cidade.

Está certa de estar se realizando profissional e materialmente.

Não se vê trabalhando alucinadamente no futuro. Critica veementemente médicos que trabalham alucinadamente para manter um nível alto de vida. Acredita que eles perderam a noção do dinheiro. Associa qualidade de vida à possibilidade de trocar de emprego, de escolha de trabalho. E também à alimentação saudável: ela almoça todo dia em casa.

Ela se declara, ao final da entrevista, uma médica tranquila. Parece ser.

183

Capítulo 6

Discussão

❖

Uma vez analisadas as entrevistas em relação ao mundo do trabalho médico e aos sentidos dados por eles ao lazer e, ainda, integrando a análise qualitativa à análise quantitativa do tempo de ocupação dos médicos, cabe-nos agora comentar de uma maneira geral todas elas.

Comecemos pela referência unânime aos **plantões.**

É sabido que o plantão, diurno, noturno ou de dia todo é parte fundamental da vida do médico, independentemente da escolha da especialidade ou do trabalho e função desempenhada na medicina. O plantão faz parte da formação e do treinamento médico desde os últimos anos do curso médico. É tão presente na vida dos médicos que muitos jovens deixam de optar por estudar medicina e se tornarem médicos por conta da "vida de plantões". Também muitas especialidades são escolhidas exatamente por não requererem os tais plantões.

No plantão, os médicos se tornam "invisíveis". Não são exatamente procurados pela sua competência ou nome, mas sim por estarem de plantão. Na maioria das vezes, os plantões são fisicamente cansativos e emocionalmente desgastantes. E são desgastantes na medida em que deve-se tomar decisões rápidas a respeito de pacientes que pouco se sabe da história clínica e muito menos pessoal.

Do grupo dos pediatras, seis no total, todos fazem plantão. A única não pediatra, a cirurgiã plástica, já no início da sua fala refere-se a nunca ter feito plantão ou mesmo dormido fora de casa por questões do trabalho. Todo o grupo de entrevistados, destacando-se os pediatras, pautam sua vida na lógica dos plantões.

Uma das médicas diminuiu o número de plantões por ter tido problemas de ordem clínica relacionados ao estresse decorrente deles. O único médico chega a dar três ou mais plantões por semana para conseguir pagar dívidas decorrentes de um pai que perdeu o emprego quando ele estava ainda na faculdade. Outra médica também exagera na quantidade de plantões, a maioria diurno, também para ter dinheiro para quitar um apartamento, já que não pode contar com qualquer ajuda financeira da família. Uma terceira médica nem se incomoda de trabalhar à noite, pois acha que sempre arruma algum momento durante a noite para descansar. Uma quarta, por morar fora de São Paulo, acaba isolando-se numa cidade afastada onde pode passear com os cachorros e cuidar das plantas, mas faz um "plantão" a distância, atendendo via celular todas as emergências administrativas do hospital e ainda todas as dificuldades dos plantonistas. Uma quinta vive brigando com o plantão, dando um jeito de dormir pouco para poder dar conta de uma lista interminável de afazeres intelectuais e culturais que se propõe a dar conta. Só a cirurgiã plástica não dá plantão, e essa foi uma decisão que também pesou na escolha da especialidade, mas procura sempre transformar minutos em horas para dar conta de todas as atividades que se propõe.

O plantão, dessa forma, sempre aparece como uma possibilidade concreta de uma entrada de dinheiro em momentos em que este se torna indispensável.

Para esses médicos pediatras, é o plantão que regula suas atividades de lazer.

187

Dessa forma, por exemplo, duas das médicas pediatras referem sair exaustas do plantão e necessitando descanso imediato. Uma delas, inclusive, no dia seguinte ao seu plantão noturno, não trabalha, literalmente se recolhe na casa dos pais onde mora e "hiberna" o dia todo. Não sai de casa, vê televisão, brinca com os sobrinhos, descansa muito. Esse é o dia do lazer. O outro dia em que não trabalha é o sábado e, quando não frequenta cursos de atualização, encontra-se com o namorado para viver seu lazer. Já a outra também dedica um dia por semana, o único que ela tem livre de plantões, para arrumar e curtir sua casa e descansar. Também ela não sai.

São os plantões também que acabam interferindo na vida social desses médicos. Todos eles foram unânimes em declarar que grande parte de seus amigos é de médicos, já que essas amizades derivam do curso médico ou do próprio trabalho. Das cinco médicas pediatras entrevistadas, uma é solteira e não namora, uma outra, também solteira, namora com um advogado e todas as outras três são casadas com médicos. O único homem entrevistado namora também uma médica pediatra. A médica cirurgiã plástica é também casada com um médico e tem uma filha médica.

Dessa forma, o encontro dos pediatras com seus amigos médicos é esporádico, não por desejo, mas pela dificuldade em achar brechas comuns nas escalas de plantão de todos. Até o sair socialmente com os maridos ou namorado se complica, devido às escalas de plantão. E, se duas das médicas optaram por diminuir as horas trabalhadas, isso se deve, não só, mas inclusive, à necessidade de disponibilizar tempo para estar com seus cônjuges e, assim, manter o casamento. Mesmo a médica pediatra que luta contra o sono para ter mais horários ditos de lazer refere uma preocupação com o desencontro do casal por conta dos plantões. E mesmo essa médica que começa agora a pensar em filhos (nenhuma das pediatras entrevistadas tinha filhos) já reflete, num plano teórico, como irá conciliar maternidade com plantões. Também o médico é cobrado pela namorada por não ter tempo suficiente para ela porque está sempre de plantão.

Mesmo as viagens e as férias ficam subordinadas a essa questão. Férias, para muitos deles, significa ter de deixar o "plantão coberto", alguém substituindo para não sobrecarregar os colegas. Uma das médicas gostaria de viajar com os amigos, não faltam convites, mas está sempre de plantão em feriados ou em dias os que antecedem ou que vêm imediatamente após a eles. Outra tem o mesmo problema com os pais, que fazem pequenas viagens com frequência e a convidam, mas ela está sempre impossibilitada de acompanhá-los.

Há mais duas questões importantes a serem discutidas. Trata-se do **cuidado** que cada um dos médicos relatou ter consigo mesmo e a questão da **solidão**.

É apanágio da medicina o cuidar do outro. O cuidar, neste sentido, é, ou deveria ser, o de restabelecer a saúde do paciente, acolhendo-o da melhor maneira possível. Isto me remete diretamente para o primeiro capítulo do livro de Boss, *Existential Foundations of Medicine & Psycology* (1983) no qual é relatado um caso clínico que fez o autor questionar-se sobre os propósitos da medicina, da psicologia e da psiquiatria em especial. Neste capítulo, Boss relata que, ao final daquilo que se constitui na última consulta de um longo tratamento psicoterapêutico, a paciente revela a ele que considerava, independentemente do reconhecimento de sua competência, que o que realmente a tinha curado era a disponibilidade dele para com ela por meio do telefone dia e noite, a confiança que ele lhe havia incutido e a total compreensão de seus delírios, levando-os a sério.

A falta de cuidado consigo mesmo entre os médicos é fartamente relatada na literatura e já foi por nós comentado em capítulo anterior. Entre os médicos entrevistados, esse cuidado também é negligenciado e só se faz presente no momento da percepção da temporalidade, da finitude, gerando medo. O exagero, o trabalho excessivo está sempre presente e é, sob certo aspecto, negligenciado. Uma das médicas chega a dizer que não há tempo disponível para ir ao médico e fazer exames necessários.

Do nosso ponto de vista, ter lazer é uma forma de se cuidar. Ou melhor, uma modalidade de cuidar da existência humana de uma forma adequada e responsável.

A questão da solidão do médico frente a sua profissão e à vida apareceu também no relato dos médicos entrevistados. A literatura médica, já anteriormente citada, refere ser comum os casos de desequilíbrio emocional entre os médicos, levando-os ao consumo de álcool, drogas lícitas e ilícitas, aos desentendimentos familiares e mesmo a problemas de ordem psiquiátrica. Não encontramos tais casos entre os entrevistados. Mas dois deles se submetem a psicoterapia desde a escola médica. Foram levados a ela na medida em que se sentiram incapazes de achar uma solução para problemas decorrentes da própria vida, tais como a perda de emprego, a separação dos pais, o alcoolismo do pai, o desamparo emocional e financeiro. Na verdade, sentiram-se sozinhos tendo de dar uma direção a suas vidas, a suas carreiras, seu futuro. Provavelmente, entraram numa fase de tédio, de falta de perspectiva, de desamor.

A terapia apruma-os. Eles seguem com ela. Problemas de ordem emocional, possivelmente decorrentes de uma dificuldade de conciliar filhos com profissão, também levaram a cirurgiã plástica, a única com filhos, a procurar ajuda externa em cursos de controle da mente. Curiosamente, esta mesma médica, criada em ambiente fechado e restritivo, optou por dar a seus filhos uma vida cercada de plantas e animais, uma vida de liberdade.

Nem sempre as coisas se passam desta maneira. Certamente, ter um lazer significa abrir-se para o mundo, saindo de um viver solitário e, muitas vezes, tedioso. Lazer seria, assim, uma possibilidade de vida.

Repassemos agora, e de maneira bastante sucinta, o sentido de lazer definido em cada *dasein*, que é uma maneira de retomar nossos entrevistados e, mais uma vez, "des-velar" os vários sentidos de lazer, absolutamente distintos e imbricados com o modo de ser de cada um deles.

Comecemos pela entrevista 1, denominada "Em busca do tempo perdido". A partir do momento em que se vê ameaçada por uma doença, esta médica vive um mal-estar tão grande que a leva a reconsiderar sua vida de trabalho e lazer. Passa, então, a desfrutar de um intenso lazer prazeroso, incorporando, inclusive, restrições alimentares e financeiras. O prazer passa, então, a estar nas pequenas coisas que até então estavam ocultas. Ela realmente as desvela. Com muito prazer.

Continuamos com a entrevista 2, "Descansar, trabalhando". Morando a trinta quilômetros de São Paulo, num lugar aprazível, silencioso e sossegado, tendo a oportunidade de passear tranquilamente com seus cachorros e mesmo dedicar-se à jardinagem, esta médica não deixa de ser uma privilegiada na questão lazer. Porém, toda essa tranquilidade pode ser quebrada a qualquer momento pelo chamado do celular comunicando alguma ocorrência no hospital. Trata-se de um lazer onde nem sempre se faz presente o relaxar. Para relaxar mesmo, só indo à natação. E esse é o seu lazer/prazer relaxado.

Passemos à entrevista 3, "Em nome da cultura". O lazer, às vezes, parece vir acompanhado de um apetite voraz. Nesse caso por uma necessidade de abocanhar o máximo possível de cultura. Trata-se de um lazer que não obrigatoriamente se associa a uma qualidade de vida adequada. A lógica é sacrificar o descanso, o parar, para realizar uma dezena de coisas sem parar muito para pensar. Esta médica vive, na verdade, uma busca desenfreada pelo lazer/prazer cultural, que a força a imprimir no lazer o mesmo ritmo gasto no trabalhar.

Vamos agora à entrevista 4, "Lazer virtual". Para uma médica que se autodenomina solitária, o lazer também passa a ser solitário. Enfurnada grande parte de seu tempo em uma casa repleta de computadores que literalmente controlam a vida de um certo número de pacientes cuja vida está ameaçada, vivendo a cada minuto a possibilidade de alguma intercorrência mais grave, o lazer para esta médica passa a ser também virtual. Raramente vê amigos, inclusive aqueles aos quais é muito grata por terem estado muito próximos em momentos de grande dificuldade, mas os tem sempre próximos pelo telefone e pela internet. Raramente sai, a não ser para o inglês e para a terapia, mas esta última não se constitui em prazer. Quando tem tempo livre, dedica-se à arrumação de sua própria casa. Lazer/prazer só nas aulas de inglês. Algo também solitário.

Retomemos à entrevista 5, "Lazer, projeto futuro". Jovem, no início de carreira, o céu é o limite. O lazer está diretamente relacionado, neste caso, com a convicção de não ser agora a hora. A palavra de ordem do momento é o trabalho e tudo mais na vida pode esperar. O tempo é infinito na concepção desse jovem. Não há porque relaxar se não lhe faltam forças para ir além. A prática do lazer se dá somente na teoria.

Voltemos à entrevista 6, "Lazer na lógica do trabalho". Experiente, talentosa, competente, o lazer desta médica insere-se diretamente no trabalho. Não que ela transforme o trabalho em lazer mas, ao contrário, ela transforma o lazer em trabalho. Descansa trabalhando, não no hospital, mas no sítio, produzindo vinho. Com muito prazer, mas sem abandonar o perfeccionismo e a precisão que lhe são peculiares. Respira fundo e vai. Respira fundo e ultrapassa as dificuldades. Quando cansa, relaxa. O lazer/prazer relaxante se faz presente no badalar dos sinos e no som dos cantos gregorianos dos monges beneditinos. Lá ela medita e tem seu grande lazer/prazer.

Por fim, vejamos a entrevista 7, "Voltando aos tempos do ócio". Finalmente, o ócio. O ficar em casa, o se permitir fazer nada, o pós-plantão em casa, dormindo, vendo televisão, dando tempo ao tempo. Não sair de casa pela simples razão de não querer. Poder ficar com o "não fazer nada", sem angústia, sem sofrimento. O lazer mais do que programado para se transformar em ócio. O sair, cumprir o lazer, a obrigação, fica para o sábado e parece dar certo.

Capítulo 7

Conclusões

Vivemos hoje em uma sociedade capitalista de apologia ao consumo.

Valorizamos o trabalho, consideramos que só podemos ser felizes sendo produtivos, temos horror do não fazer nada, consideramos a ideia de parar como algo deletério e passível de adoecimento. Louvamos e teorizamos o lazer, mas o lazer atrelado a um moto contínuo de produção e não um lazer de ócio tal qual o dos antigos gregos. Uma das entrevistadas chegou a dizer que o lazer é caro. E de fato é, na medida em que o tiramos da sua forma simples, disponível, acessível para o inserir na lógica capitalista do consumo e do lucro.

O lazer hoje chega a cansar. É um lazer nem sempre associado à qualidade de vida e nem sempre associado ao prazer. Recusamo-nos, muitas vezes, a descansar, até porque o descanso desorganiza. É proibido parar. Na verdade, o lazer acabou por se tornar um saudosismo, um ideal inatingível. Vivemos em uma sociedade de consumo onde nos falta um sentido, inclusive um sentido para o lazer.

Quando iniciamos cada uma de nossas entrevistas perguntando sobre o lazer, defrontamo-nos com a surpresa de cada um dos entrevistados. A única resposta dada de imediato foi "nunca pensei sobre o assunto". Muitos deles viviam, na verdade, algum tipo de lazer. Outros teorizavam o lazer, consideravam-no fundamental, mas adiavam sua vivência sob alegação de falta de tempo. Mas, como nos ensinou Heidegger, o tempo nunca desaparece, ele se oculta, ele está aí, e se o tempo não é utilizado para alguma coisa, ele o é para outra coisa. E essa coisa é o trabalho. Alguns só aprenderam a desfrutar do prazer simples do caminhar, do cuidar da casa, do estar com a família e os amigos, do cuidar de animais domésticos após terem adoecido e se dado conta de sua finitude. Outros ainda não se deram conta dos próprios limites, os extrapolam com a certeza da impunidade, não se dando conta da sua condição de simples mortal. Alguns levaram para o lazer a lógica do trabalho, simplesmente interrompendo em alguns momentos o trabalho médico para dar lugar a outro tipo de trabalho que se convencionou chamar de lazer. Em outras palavras, continuaram trabalhando do mesmo jeito, dentro da mesma lógica de significado, mas sob outra denominação. Em alguns casos, certamente, houve uma desumanização do lazer/prazer.

Quando da elaboração dos planos iniciais da pesquisa, tínhamos dúvidas se poderíamos considerar o relaxar e o não fazer nada como lazer. Hoje temos a certeza de que sim. Só que raramente nos damos o direito desse tipo de lazer. Deveríamos fazer como a médica que se dá o direito de não fazer absolutamente nada no pós-plantão.

Afinal, ter prazer é ter a possibilidade de transcender da forma como Heidegger propõe. É poder deixar a luz entrar na nossa clareira. Mas, para tanto, temos de preparar essa clareira. Talvez pelo "caminho simples": o da simplificação de nossa vida. É isto que Heidegger propõe em "O caminho do campo", texto em que faz, de uma forma poética, uma apologia à mãe natureza, à vida simples da qual estamos pouco a pouco nos afastando. E é exatamente nela e com ela que poderemos resolver os enigmas que tanto nos angustiam e que tanto nos parecem sem saída. É em sintonia com a natureza que nos tornaremos verdadeiros e autênticos.

Alguns de nossos médicos já se aperceberam dessa verdade. Outros, um dia, certamente o farão.

Referências bibliográficas

Adams, Patch & Mulander, Maureen. (2002). *A terapia do amor*. (Coleção Anjos de Branco). Rio de Janeiro: Editora Mondrian.

Almeida Prado, M. de F. (2003). Estresse do ponto de vista da daseinsanalyse. *Revista da Associação Brasileira de Daseinsanalyse*, (12).

Aréchiga, Hugo, Beitez-Bribiesca, Luis, Kretschmer, Roberto, Martínez Cortés, Fernando & Viesca, Carlos. (2003). *Ciência y humanismo em medicina* (1ª ed.). México: Siglo Veintiuno Editores.

Aquino, Cássio Adriano Braz & Martins, José Clerton de Oliveira. (2007, setembro). Ócio, lazer e tempo livre na sociedade do consumo e do trabalho. *Revista Mal-estar e Subjetividade*, 6(2), 479-500.

Beaini, C. T. (1980). *Questões fundamentais sobre a linguagem no pensamento. Martin Heidegger*. São Paulo, Dissertação Mestrado. Pontifícia Universidade Católica de São Paulo – PUC-SP.

Bettine de Almeida, Marco Antonio & Gutierrez, Gustavo Luiz. (2005, janeiro). A busca da excitação em Elias e Dunning; uma contribuição para o estudo do lazer, ócio e tempo livre [www.efdeportes.com]. *Revista Digital*, 10(80).

Boss, Medard. (1975). *Angústia, culpa e libertação. Ensaios de psicanálise existencial.* São Paulo: Livraria Duas Cidades.

Boss, Medard. (1983). *Existential Foundations of Medicine & Psychology.* New York and London: Jason Aronson Inc.

Brunini, Carlos. (1998). *Aforismas de Hipócrates.* São Paulo: Typus Editora e Distribuidora Ltda.

Bruns, Maria A. T., & Holanda, Adriano F. (2001). *Psicologia e pesquisa fenomenológica reflexões e perspectivas.* São Paulo: Omega Editora e Distribuidora.

Brüseke, Franz Josef & Sell, Carlos Eduardo. (2006 janeiro/junho). Heidegger, teoria social e modernidade. *Teoria & Pesquisa.*

Caprara, Andrea & Castro e Veras, Maria do Socorro. Hermenêutica e narrativa: a experiência de mães de crianças com epidermólise bolhosa congênita. (2004, setembro/2005, fevereiro) *Comunic. Saúde Educ.,* 9(16), 131-146.

Carvalho Lopes, Otacílio. (1970). *A medicina no tempo.* São Paulo: Edições Melhoramentos/Editora da Universidade de São Paulo.

Conselho Federal de Medicina. (2004). *O médico e o seu trabalho: aspectos metodológicos e resultados do Brasil.* Brasília, DF: Mauro Brandão Carneiro & Valdiney Veloso Gouveia (Coords.).

Corbin, Alain. (2001). *História dos tempos livres.* Lisboa: Editorial Teorema Ltda.

Cuenca Cabeza, Manuel. (2005, setembro). Emergência de um discurso-realidad em la sociedad del ócio. *Cadernos de pedagogia,* (349), 60-63.

Cunha, Antônio Geraldo. (1997). *Dicionário Etimológico Nova Fronteira da Língua Portuguesa.* (2ª ed., 9ª imp.). São Paulo: Editora Nova Fronteira.

Del Giglio, Auro. (2008). *Conselhos para um jovem médico.* São Paulo: Minha Editora.

De Masi, Domenico. (2001). *O futuro do trabalho*. (6ª ed.). Brasília: Editora UnB/José Olympio Editora.

Dubois, Christian. (2005). *Heidegger: introdução a uma leitura*. Rio de Janeiro: Jorge Zahar Editor Ltda.

Elias, Norbert & Dunning, Eric. (1986). *Quest for excitement – Sport and leisure in the civilizing progress*. Oxford, UK, New York, USA: Basil Blackwell Ltd.

Escribá Aguir, V. (2002 novembro/dezembro). Exigências laborales psicológicas percebidas por médicos especialistas hospitalarios. *Gaceta Sanitária*, 16(6), 487-496. Barcelona.

Gaelser, L. (1986) O compromisso social da educação para o tempo livre. *Reflexão, Lazer e Trabalho* (35), Campinas – PUC.

Gomes, William B. (Org.). (1998). *Fenomenologia e pesquisa em psicologia*. Rio Grande do Sul: Editora da Universidade Federal do Rio Grande do Sul.

Frasquilho, M. Antônia. (2005). *Medicina, médicos e pessoas – Compreender o stress para prevenir o burnout*. Acta Med Port.

Gonsalves-Estella, F, Azpiri-Díaza, J, Barbabo-Alonso, J. A., Cañones-Garzón, P. J. et al. (2002). Sindrome de burn-out. *El médico general. Medicina General*, *43*, 278-283.

Gouveia, Valdiney V., Andrade, Genário Alves Barbosa & Carneiro, Mauro Brandão. (2005). Medindo a satisfação com a vida dos médicos no Brasil. *Jornal Brasileiro de Psiquiatria*, 54(4), pp. 298-305.

Groopman, Jerome. (2008). *Como os médicos pensam*. Rio de Janeiro: Agir.

Gutierrez, Luis Gustavo. (2001). *Lazer e prazer*. Campinas: Editora Autores Associados.

Heidegger, Martin. (1989). *Ser e tempo*. (Ernildo Stein, trad.). São Paulo: Editora Nova Cultural.

Heidegger, Martin. (1991). *Conferências e escritos filosóficos*. (Ernildo Stein, trad., 4ª ed.). São Paulo: Editora Nova Cultural.

Heidegger, Martin. (2001a). *A questão da técnica. Ensaios e conferências*. Rio de Janeiro: Editora Vozes.

Heidegger, Martin. (2001b). Seminários de Zollikon. (Gabriela Arnhold & Maria de Fátima Almeida Prado, trads.). Petrópolis: Editora Vozes/Educ/ABD.

Heidegger, Martin. (2003). *Os conceitos fundamentais da metafísica – Mundo-finitude-solidão*. São Paulo: Forense Universitária.

Houaiss, Antônio. (2001). *Dicionário Houaiss da língua portuguesa*. (1ª ed.). Rio de Janeiro: Editora Objetiva.

Inwood, Michael. (2002). *Dicionário Heidegger*. Rio de Janeiro: Jorge Zahar Editor Ltda.

Jiménez, Juan Pablo. (2005). Estratégia de los médicos para hacer frente a la crisis de la profesión. *Revista Médica de Chile*, 133, 707-712.

Kassirer, J. P. (1998, 19 de novembro). Doctor discontent. *The New England Journal of Medicine*, 339(21), pp. 1543-1545.

Lacaz, C. S. (1986). Moral médica. *Ensaios Médico-Sociais*. São Paulo: Fundo Editorial Byk.

Lafargue, Paul. (2003). *O direito à preguiça*. (Olgária Matos, pref.). São Paulo: Editora Claridade.

Lafargue, Paul & Bertrand, Russel. (2001). *A economia do ócio*. (Domenico De Masi, Org. e intr.). Rio de Janeiro: Editora Sextante.

Leite, Álvaro J. Madeiro. (1999). Medicina baseada em evidências: um exemplo no campo da pediatria. *Jornal de Pediatria*, 75(4).

Machado, Maria Helena. (1997). *Os médicos no Brasil*. Rio de Janeiro: Fundação Oswaldo Cruz Editora.

Mackey, S. (2004). Phenomenological nursing research: methodological insights derived from Heidegger's interpretive phenomenology. *International Journal of Nursing Studies,* 42(Issue 2), pp. 179-186.

McCue, J. D. (1982, 25 de fevereiro). The effects of stress on physitians and their medical practice. *The New England Journal of Medicine,* 306, pp. 458-463.

Mello Filho, J. (2006). *Identidade médica.* (1ª ed.). São Paulo: Casa Psi Livraria Editora Gráfica Ltda.

Marañon, Gregório. (1950). *Crítica de la medicina dogmática.* Madrid: Espasa-Calpe, s.a.

Marañon, Gregório. (1958). *Vocação e ética.* Salvador: Livraria Progresso Editora.

Martins, Paulo Henrique. (2003). *Contra a desumanização da medicina: crítica sociológica das práticas médicas modernas.* Petrópolis: Vozes.

Michelazzo, José Carlos. (2001). Dasainanalyse e a "doença" do mundo. *Revista Daseinanalyse.*

Millan, Luiz Roberto. (2005). *Vocação médica.* São Paulo: Casa do Psicólogo.

Moreira, Daniel Augusto. (2002). *O método fenomenológico de pesquisa.* São Paulo: Pioneira Thompson.

Munné, F. (1980). *Psicosociología del tiempo libre: un enfoque crítico.* Trillas México.

Murtagh, John. (2003, novembro). Fadigue – a general diagnostic approach. *Australian Family Physician,* 32(11).

Nascimento Sobrinho, C. L.; Carvalho, F. M.; Silva Bonfim, T. A.; Souza Cirino, C. A.; Ferreira, I. S.; Trabalho realizado no Departamento de Saúde, Universidade Estadual de Feira de Santana, e no Depatamento de Trabalho e Saúde dos médicos em Salvador, Brasil Faculdade de Medicina, (Universidade Federal da Bahia. Rev. Assoc Med Bras 2006; 52(2): 97-102.

Neves, Afonso Carlos. (2005). *A humanização da medicina e seus mitos.* São Paulo: Companhia Ilimitada.

Nogueira Martins, Luiz Antonio. (2005). *Residência médica: estresse e crescimento.* São Paulo: Casa do Psicólogo.

Padilha, Valquiria. (Org.). (2006). *Dialética do lazer.* São Paulo: Cortez Editora.

Ramos Cerqueira, Ata & Lima, M. C. P. (2002, agosto). A formação da identidade do médico: implicações para o ensino da graduação em medicina. *Interface,* 6(11).

Rego, Sergio. (2003). *A formação ética dos médicos – Saindo da adolescência com a vida (dos outros) nas mãos.* Rio de Janeiro: Editora FIOCRUZ.

Revista Paulista de Medicina. (2009, 603a ed.). São Paulo: Associação Paulista de Medicina.

Russel, Bertrand; Lafargue, Paul. *Economia do Ócio.* São Paulo, SP: Sextante, 3ª ed., 2001.

Safranski, Rüdiger. (2000). *Heidegger – Um mestre da Alemanha entre o bem e o mal.* São Paulo: Geração Editorial.

Scheurmann, Erich. (2005). *O Papalagui – Comentários de Tuiávii, chefe da tribo Tiavéa nos mares do sul.* São Paulo: Marco Zero.

Smith, Richard. (2001, 5 de maio). Why are doctors so unhappy? B. M. J. Journals (editorial) 322.

Spanoudis, Solon. (1997). Neurose do tédio. *Revista da Associação Brasileira de Daseinsanalyse,* (1, 2 e 4).

Steiner, George. (1982). *As ideias de Heidegger – Mestres da modernidade.* São Paulo: Editora Cultrix.

Svenaeus, Fredrick. (2000). *The hermenetics of medicine and phenomenoly of health: Steps towards a philosophy of medical practice.* Dordrecht/Boston/London: Kleiwer Academic Publishers.

Svendsen, Lars. (2006). *Filosofia do tédio.* Rio de Janeiro: Jorge Zahar Editor.

Turato, Egberto Ribeiro. (2003). *Tratado de metodologia da pesquisa clínico-qualitativa – Construção teórico-epistemológica da discussão comparada e aplicação nas áreas da saúde e humanas.* (2ª ed.). Rio de Janeiro: Editora Vozes.

Weischedel, William. (1999). *A escada dos fundos da filosofia.* (1ª ed.). São Paulo: Editora Angra.

Zimmermann, D. E. (1992). A formação psicológica do médico. In: Mello Filho, Júlio. (1992). *Psicossomática hoje.* Porto Alegre: Artes Médicas.

Zuger, Abigail. (2004, janeiro). Dissatisfation with medical practice. *The New England Journal of Medicine,* 350(1), pp. 69-75.

QUESTIONÁRIO AOS MÉDICOS SOBRE TRABALHO, TEMPO LIVRE E LAZER

PESQUISA COM MÉDICOS DO HOSPITAL INFANTIL DARCY VARGAS

Pesquisador responsável: Dr. Eduardo Goldenstein – CRM 18783
Tels: (11) 77890004 – 30815855
Núcleo de Medicina Psicossomática e Psicologia Hospitalar
Faculdade de Psicologia da PUC-SP

Esta pesquisa tem por objetivo avaliar quantitativamente o número de horas que os médicos entrevistados disponibilizam semanalmente para trabalhar, para descansar e para atividades de lazer.

Por favor, inicialmente, **pense em uma semana típica da sua vida** e responda da melhor maneira possível as questões abaixo:

- Por **semana**, quantas horas você calcula que gasta habitualmente com seu trabalho? _____

- Por **semana**, quantas horas você calcula que disponibiliza para a família? _____
- Por **semana**, quantas horas você calcula que gasta dormindo? _____
- Por **semana**, quantas horas você calcula que disponibiliza para seus cuidados pessoais? _____
- Por **semana**, quantas horas você calcula que dispõe para atividades de lazer ligadas ao seu prazer pessoal? _____

A seguir, por favor, **pense numa semana atípica, conturbada**, na qual você está realmente **assoberbado** de compromissos, os mais diversos possíveis, e, a seguir, responda as questões abaixo da melhor maneira possível:

- Considerando esta **semana atípica**, quantas horas você calcula que gastaria habitualmente com seu trabalho? _____
- Considerando esta **semana atípica**, quantas horas você calcula que disponibilizaria para a família? _____
- Considerando esta **semana atípica**, quantas horas você calcula que gastaria dormindo? _____
- Considerando esta **semana atípica**, quantas horas você calcula que disponibilizaria para seus cuidados pessoais? _____
- Considerando esta **semana atípica**, quantas horas você calcula que disporia para atividades de lazer ligadas ao seu prazer pessoal? _____